A RESCISÃO DO ACORDO DE COLABORAÇÃO PREMIADA A PARTIR DO SISTEMA DE GARANTIAS CONSTITUCIONAIS

DIMAS ANTÔNIO GONÇALVES FAGUNDES REIS

Prefácio
Vinicius Gomes de Vasconcellos

A RESCISÃO DO ACORDO DE COLABORAÇÃO PREMIADA A PARTIR DO SISTEMA DE GARANTIAS CONSTITUCIONAIS

Belo Horizonte

2022

© 2022 Editora Fórum Ltda.

É proibida a reprodução total ou parcial desta obra, por qualquer meio eletrônico, inclusive por processos xerográficos, sem autorização expressa do Editor.

Conselho Editorial

Adilson Abreu Dallari
Alécia Paolucci Nogueira Bicalho
Alexandre Coutinho Pagliarini
André Ramos Tavares
Carlos Ayres Britto
Carlos Mário da Silva Velloso
Cármen Lúcia Antunes Rocha
Cesar Augusto Guimarães Pereira
Clovis Beznos
Cristiana Fortini
Dinorá Adelaide Musetti Grotti
Diogo de Figueiredo Moreira Neto (*in memoriam*)
Egon Bockmann Moreira
Emerson Gabardo
Fabrício Motta
Fernando Rossi
Flávio Henrique Unes Pereira
Floriano de Azevedo Marques Neto
Gustavo Justino de Oliveira
Inês Virgínia Prado Soares
Jorge Ulisses Jacoby Fernandes
Juarez Freitas
Luciano Ferraz
Lúcio Delfino
Marcia Carla Pereira Ribeiro
Márcio Cammarosano
Marcos Ehrhardt Jr.
Maria Sylvia Zanella Di Pietro
Ney José de Freitas
Oswaldo Othon de Pontes Saraiva Filho
Paulo Modesto
Romeu Felipe Bacellar Filho
Sérgio Guerra
Walber de Moura Agra

FÓRUM
CONHECIMENTO JURÍDICO

Luís Cláudio Rodrigues Ferreira
Presidente e Editor

Coordenação editorial: Leonardo Eustáquio Siqueira Araújo
Aline Sobreira de Oliveira

Rua Paulo Ribeiro Bastos, 211 – Jardim Atlântico – CEP 31710-430
Belo Horizonte – Minas Gerais – Tel.: (31) 2121.4900
www.editoraforum.com.br – editoraforum@editoraforum.com.br

Técnica. Empenho. Zelo. Esses foram alguns dos cuidados aplicados na edição desta obra. No entanto, podem ocorrer erros de impressão, digitação ou mesmo restar alguma dúvida conceitual. Caso se constate algo assim, solicitamos a gentileza de nos comunicar através do *e-mail* editorial@editoraforum.com.br para que possamos esclarecer, no que couber. A sua contribuição é muito importante para mantermos a excelência editorial. A Editora Fórum agradece a sua contribuição.

Dados Internacionais de Catalogação na Publicação (CIP) de acordo com ISBD

R375r	Reis, Dimas Antônio Gonçalves Fagundes A rescisão do acordo de colaboração premiada a partir do sistema de garantias constitucionais / Dimas Antônio Gonçalves Fagundes Reis. - Belo Horizonte : Fórum, 2022. 132 p. ; 14,5cm x 21,5cm. Inclui bibliografia e apêndice. ISBN: 978-65-5518-396-2 1. Direito. 2. Direito Processual Penal. 3. Direito Constitucional. 4. Direito Penal. I. Título.
2022-1332	CDD: 341.43 CDU: 343.1

Elaborado por Vagner Rodolfo da Silva – CRB-8/9410

Informação bibliográfica deste livro, conforme a NBR 6023:2018 da Associação Brasileira de Normas Técnicas (ABNT):

REIS, Dimas Antônio Gonçalves Fagundes. *A rescisão do acordo de colaboração premiada a partir do sistema de garantias constitucionais*. Belo Horizonte: Fórum, 2022. 132 p. ISBN 978-65-5518-396-2.

AGRADECIMENTOS

Gostaria de agradecer aos meus pais, Fernando e Andréa, por me proporcionarem valiosos ensinamentos de formação humana, por serem a minha fortaleza e fonte inesgotável de apoio e carinho. Às minhas irmãs, Maria Eduarda e Maria Fernanda, bem como à minha família, pelo companheirismo de sempre. Aos grandes amigos Victor Garcia e Victor Chebli, que, desde a graduação, têm compartilhado inúmeros projetos profissionais, inclusive o mestrado, e que se tornaram verdadeiros irmãos. Agradeço a todos os meus amigos, que sempre souberam compreender e apoiar.

Quero deixar um agradecimento especial ao meu orientador, Prof. Vinicius Vasconcellos, além de a sua brilhante produção acadêmica servir de constante inspiração, a atenção dispensada, o pronto retorno, as correções e a compreensão fizeram com que o desenvolvimento do trabalho fosse algo prazeroso e instigante. Agradeço aos professores da banca de mestrado, que, além de serem referências para mim, fizeram importantes considerações ao trabalho.

Aos colegas de mestrado que se tornaram amigos, a todos os professores do PPG e à equipe do IDP, pelo brilhante trabalho.

Dedico esta obra ao meu querido e saudoso tio e grande companheiro Dr. Norton, que agora é o meu anjo da guarda.

SUMÁRIO

PREFÁCIO
Vinicius Gomes de Vasconcellos 9

INTRODUÇÃO 13

CAPÍTULO 1
PREMISSA GERAL: O SISTEMA DE GARANTIAS
CONSTITUCIONAIS APLICÁVEL À RESCISÃO DO ACORDO DE
COLABORAÇÃO PREMIADA 21

1.1 Limitações constitucionais para a expansão da justiça criminal negocial no Brasil 23

1.2 A aplicabilidade imediata dos direitos fundamentais a partir de uma atividade hermenêutica concretizadora 31

1.3 A presunção de inocência, o contraditório e a reserva de jurisdição como garantias fundamentais do colaborador e do delatado 41

1.4 Síntese do capítulo 48

CAPÍTULO 2
A RESCISÃO DO ACORDO DE COLABORAÇÃO PREMIADA 51

2.1 Distinções conceituais: rescisão, retratação e anulação 52

2.2 Hipóteses de rescisão antes da Lei nº 13.964/2019 60

2.3 A rescisão do acordo de colaboração premiada a partir da Lei nº 13.964/2019 e os riscos de violação à presunção de inocência nas hipóteses de rescisão 64

2.3.1 Omissão dolosa e potencial conhecimento da ilicitude 66

2.3.2 Reiteração delitiva do colaborador 72

2.4 Apontamentos sobre o procedimento de acordo com o contraditório, a jurisdicionalidade e a presunção de inocência .. 75

2.5 Rescisão e repactuação: entre o descumprimento e o cumprimento parcial do acordo de colaboração premiada 86

2.6 Efeitos probatórios da rescisão em face do colaborador e do delatado 91

2.7	A rescisão do acordo de colaboração premiada causada por atuação estatal..	95
2.8	Síntese do capítulo: apontamentos das omissões normativas e proposta de soluções interpretativas...	97

CAPÍTULO 3
VAZIOS NORMATIVOS E A NECESSIDADE DE ATUAÇÃO DOS
PODERES JUDICIÁRIO E LEGISLATIVO... 99

3.1	A necessidade de atuação do Poder Judiciário para o preenchimento das omissões legislativas sobre a rescisão do acordo de colaboração premiada...	100
3.2	Cláusulas rescisórias não previstas em lei......................................	102
3.3	Apresentação de proposta legislativa...	112

CONCLUSÃO... 121

REFERÊNCIAS... 123

APÊNDICE – PROPOSTA LEGISLATIVA.. 129

PREFÁCIO

Este livro é resultado da pesquisa brilhantemente desenvolvida por Dimas Fagundes Reis no curso de Mestrado em Direito Constitucional realizado no Instituto Brasileiro de Ensino, Desenvolvimento e Pesquisa (IDP/DF), por mim orientada e aprovada com recomendação de publicação por banca composta pela professora doutora Michelle Brito e pelos professores doutores Paulo Gonet e Ademar Borges.

Dimas tem desenvolvido a sua carreira acadêmica e profissional de modo exemplar. Desde o seu ingresso no curso de Mestrado, demonstrou interesse, dedicação e brilhantismo para a pesquisa científica, o que, para mim, é pessoalmente gratificante por tê-lo acompanhado e incentivado durante esses anos. A dissertação, que, por si só, demonstra tal potencial, é somente o resultado de um percurso elogiável e que, certamente, demarca os primeiros passos de quem já é e será um grande pesquisador do processo penal brasileiro.

A dissertação, então intitulada "A rescisão do acordo de colaboração premiada a partir do sistema de garantias constitucionais do processo penal", abordou aspectos fundamentais para a construção de uma dogmática processual penal constitucionalmente orientada no sentido de estruturar um sistema negocial (aqui focado na colaboração premiada) com maior previsibilidade e segurança jurídica. Embora a Lei nº 13.964/2019 tenha aportado importantes avanços ao regramento da fase de negociações, ainda há relevante lacuna no que diz respeito às hipóteses e ao procedimento de rescisão do acordo anteriormente homologado.

A justiça negocial pauta-se pela confiança recíproca e precisa estruturar mecanismos que garantam que o imputado pode renunciar a direitos fundamentais e produzir prova contra si mesmo com a segurança de que, cumprindo os termos do acordo homologado, irá receber os benefícios nele previstos.[1] Sobre a questão, é pertinente citar trecho do voto no Min. Roberto Barroso, no julgamento da QO na PET 7.074: "Estou

---

[1] Sobre isso, ver: VASCONCELLOS, Vinicius G. *Barganha e justiça criminal negocial.* 2. ed. Belo Horizonte: D'Plácido, 2018; VASCONCELLOS, Vinicius G. *Colaboração premiada no processo penal.* 4. ed. São Paulo: RT, 2021; VASCONCELLOS, Vinicius G. *Acordo de não persecução penal.* São Paulo: RT, 2022.

convencido de que a colaboração premiada, uma vez homologada, só não será honrada se o colaborador não cumprir com as obrigações que assumiu. Porque, do contrário, se o Estado, pelo seu órgão de acusação, firma um acordo de colaboração premiada que ele, Estado, valorou de seu interesse, obtém informações para punir réus mais perigosos ou crimes mais graves – e, portanto, se beneficia do colaborador –, e depois não cumpre o que ajustou, é uma deslealdade por parte do Estado e é a desmoralização total do instituto da colaboração premiada".[2] Ou seja, "a rescisão da homologação jamais terá o condão de suprimir os benefícios a que tem direito o acusado que efetivamente colaborou e que o fez de boa-fé".[3]

Ainda que não previsto em lei, tem sido acordado nos termos de colaboração premiada no âmbito da Operação Lava Jato um *procedimento específico para o caso de rescisão* do acordo.[4] De modo adequado, impõem-se a notificação das partes e a realização de audiência de justificação. Trata-se de *importante previsão, com o objetivo de assegurar ao delator o direito de defesa e o contraditório*.[5]

Diante desse cenário, Dimas verificou que "a insegurança jurídica relacionada à rescisão do acordo de colaboração premiada está intimamente ligada ao cenário de estipulação de cláusulas obrigacionais genéricas". Diante disso, o autor responde às seguintes questões-problema: "a) De que maneira pode-se interpretar as garantias fundamentais da presunção de inocência, do contraditório e da reserva de jurisdição para a solução das lacunas normativas existentes acerca das hipóteses,

---

[2] STF, PET. 7.074 QO, Tribunal Pleno, rel. Min. Edson Fachin, DJe 3.5.2018. Voto Min. Roberto Barroso, p. 49.

[3] ARAS, Vladimir. Rescisão da decisão de homologação de acordo de colaboração premiada. In: GOMES; SILVA; MANDARINO (Org.). *Colaboração premiada*. Belo Horizonte: D'Plácido, 2018. p. 566.

[4] CALLEGARI, André L. Colaboração premiada: breves anotações críticas. In: CALLEGARI, André L. (coord.). *Colaboração premiada*: aspectos teóricos e práticos. São Paulo: Saraiva, 2019. p. 18; CARVALHO, Marilia A. F. Apontamentos sobre as hipóteses resolutivas da colaboração premiada. In: CALLEGARI, André L. (Coord.). *Colaboração premiada*: aspectos teóricos e práticos. São Paulo: Saraiva, 2019. p. 245; ARAS, Vladimir. Rescisão da decisão de homologação de acordo de colaboração premiada. In: GOMES; SILVA; MANDARINO (Org.). *Colaboração premiada*. Belo Horizonte: D'Plácido, 2018. p. 561.

[5] SARAIVA, Renata M.; MARTINS, Luiza F. Retratação e rescisão dos acordos de colaboração premiada: apontamentos e preocupações. In: CAVALCANTI, Fabiane da Rosa; FELDENS, Luciano; RUTTKE, Alberto (Org.). *Garantias Penais*. Estudos alusivos aos 20 anos de docência do professor Alexandre Wunderlich. Porto Alegre: Boutique Jurídica, 2019. p. 531; CALLEGARI, André L.; LINHARES, Raul M. *Colaboração premiada*: lições práticas e teóricas de acordo com a jurisprudência do Supremo Tribunal Federal. 2. ed. Porto Alegre: Livraria do Advogado, 2020. p. 167; DEZEM, Guilherme Madeira; SOUZA, Luciano Anderson. *Comentários ao pacote anticrime*. São Paulo: RT, 2020. p. 215.

do procedimento e dos efeitos da rescisão do acordo de colaboração premiada? b) Quais as mudanças legislativas possíveis e necessárias para o aperfeiçoamento normativo do tema?".

De modo inovador e original, Dimas apresenta respostas e propostas concretas para aprimorar tal sistemática, inclusive com a redação de anteprojeto normativo sobre a temática. A partir de interpretação pautada pela presunção de inocência, conclui que, para a rescisão, o órgão acusador deve demonstrar "i) que o delator omitiu, dolosamente, fato ou informação relevante que gerou prejuízos à investigação, sendo que o colaborador tinha potencial conhecimento da antijuridicidade do fato que sonegou dos agentes estatais; ii) que o colaborador, após a celebração da avença, incorreu em reiteração delitiva relacionada com o fato da investigação originária ao acordo, o que pode ser demonstrado pela existência de provas de materialidade e indícios de autoria de permanência do vínculo do colaborador com práticas criminosas da organização criminosa investigada".

Já os princípios do contraditório e da reserva de jurisdição impõem que o "colaborador confronte as acusações de que descumpriu a avença, produzindo provas perante o juízo, em procedimento próprio e independente, o que também se relaciona com a própria presunção de inocência, uma vez que impede que o juízo rescisório se confunda com o juízo de culpabilidade da ação penal".

Sem dúvidas, este livro apresenta contribuição cientificamente consistente, inovadora e original ao tema da colaboração premiada no Brasil. Portanto, convido a todas e todos para a leitura atenta e construtiva desta pesquisa!

Vinicius Gomes de Vasconcellos

Doutor em Direito pela Universidade de São Paulo, com período de sanduíche na Universidad Complutense de Madrid e estágio de pós-doutoramento pela Universidade Federal do Rio de Janeiro. Mestre em Ciências Criminais pela PUCRS.
Professor do Instituto Brasileiro de Ensino, Desenvolvimento e Pesquisa – IDP/DF (mestrado/doutorado).
Professor efetivo da Universidade Estadual de Goiás – UEG/GO.
Editor-chefe da Revista Brasileira de Direito Processual Penal.
Assessor de Ministro no Supremo Tribunal Federal.
orcid.org/0000-0003-2020-5516
vinicius.vasconcellos@ueg.br

INTRODUÇÃO

A tutela penal no direito brasileiro tem passado por significativas transformações. Atualmente, é cada vez maior o clamor por celeridade, e o sistema de justiça penal negocial se apresenta como um movimento de tensionamento com o modelo processual tradicional. Desse modo, tem-se como pilar o deslocamento do acusado de uma posição de resistência, passando a atuar em uma postura negocial, até mesmo cooperativa com o Estado, em troca de benefícios que variam de acordo com o instituto adotado.[1] Nesse sentido, ganham destaque a transação penal, a suspensão condicional do processo, o acordo de não persecução penal e a colaboração premiada.

Em virtude do impacto promovido pela inserção cada vez maior da justiça negocial no processo penal, não se pode perder de vista o sistema de garantias constitucionais, sob pena de práticas negociais

---

[1] A respeito do conceito de justiça penal negocial seguido por este trabalho: "modelo que se pauta pela aceitação (consenso) de ambas as partes – acusação e defesa – a um acordo de colaboração processual com o afastamento do réu de sua posição de resistência, em regra impondo encerramento antecipado, abreviação, supressão integral ou de alguma fase do processo, fundamentalmente com o objetivo de facilitar a imposição de uma sanção penal com algum percentual de redução, o que caracteriza o benefício ao imputado em razão da renúncia ao devido transcorrer do processo penal com todas as garantias a ele inerentes" (VASCONCELLOS, Vinicius G. *Barganha e justiça criminal negocial*: análise das tendências de expansão dos espaços de consenso no processo penal brasileiro. 2. ed. Belo Horizonte: D'Plácido, 2018. p. 50.). Sobre a distinção entre colaboração premiada e barganha: "Por outro lado, a diferenciação fundamental entre tais institutos diz respeito à manutenção do processo e obtenção de outros elementos probatórios para fundamentar eventual sentença condenatória. Por um lado, a barganha é um mecanismo que, a partir da conformidade do acusado, autoriza a imposição de sanção penal com a supressão do transcorrer normal do processo. A colaboração premiada, ao menos em teoria, pressupõe a corroboração dos elementos a parir dela admitidos, mantendo a necessidade de produção probatória e os atos do procedimento de instrução e julgamento" (VASCONCELLOS, Vinicius Gomes de. *Colaboração premiada no processo penal*. 3. ed. São Paulo: Revista dos Tribunais, 2020. p. 27).

da justiça penal afrontarem os direitos fundamentais.[2] Compartilha-se da visão adotada por Vinicius Vasconcellos de que "deve-se adotar todas as medidas possíveis para evitar que a colaboração premiada se torne barganha, o que ocorrerá se o processo se tornar mera farsa para confirmação dos elementos produzidos a partir da cooperação do acusado-delator".[3] Nesse contexto, o trabalho visa analisar um ponto específico do instituto da colaboração premiada, que é a rescisão do seu acordo, sob o enfoque inarredável das garantias da presunção de inocência, do contraditório e da máxima da reserva de jurisdição, que a Constituição prevê a todo indivíduo que se encontra na condição de acusado em um processo penal.

A escolha desses três princípios como parâmetros interpretativos das propostas de soluções que serão aqui formuladas se deve aos seguintes motivos, por exemplo: a) a inexistência de procedimento rescisório pode fazer com que a decisão pela revogação do acordo contamine o juízo de culpabilidade do colaborador no mérito da ação penal, o que pode comprometer a presunção de inocência; b) a lei estipula, no art. 4º, §18, a reiteração delitiva como hipótese rescisória, mas não esclarece quais são os *standards* probatórios dessa prática, o que pode ferir a presunção de inocência; c) a ausência de previsão de procedimento rescisório judicial pode ferir o princípio da inafastabilidade da tutela jurisdicional e não assegurar o contraditório; d) a ausência de previsão dos efeitos probatórios da rescisão do acordo de colaboração premiada deixa em dúvida sobre a possibilidade de o colaborador se retratar da confissão.

---

[2] Sobre análise crítica da justiça penal negocial e dos seus espaços de consenso: PRADO, Geraldo. Campo jurídico e capital científico: o acordo sobre a pena e o modelo acusatório no Brasil – a transformação de um conceito. *In*: PRADO, Geraldo; MARTINS, Rui Cunha. LOPES JUNIOR, Aury. *Fundamentos do processo penal:* introdução crítica. 3ª ed. São Paulo: Saraiva, 2017. p. 174-187; GLOECKNER, Ricardo Jacobsen. Um "novo" liberalismo processual penal autoritário? *In*: GLOECKNER, Ricardo Jacobsen (Org.). *Plea Bargaining*. São Paulo: Tirant lo Blanch, 2019. p. 175-192; CASARA, Rubens R. R. O acordo para aplicação da pena: novas considerações acerca da verdade e do consenso no processo penal brasileiro. *In*: COUTINHO, Jacinto de Miranda; CARVALHO, Luis Gustavo Grandinetti. *O novo processo penal à luz da Constituição*: análise crítica do projeto de Lei nº 156/2009 do Senado Federal. Rio de Janeiro: Lumen Juris, 2011. v. 2. p. 155-157; LANGBEIN, John H. Torture and Plea Bargaining. The University of Chicago Law Review, v. 46, n. 1, p. 3-22, 1978; DERVAN, Lucian E.; EDKINS, Vanessa. *The Innocent Defendant's Dilemma: An Innovative Empirical Study of Plea Bargaining's Innocence Problem*. Journal of Criminal Law and Criminology, v. 103, n. 1, p. 1-48, maio/2012; LANGER, Máximo. *Plea bargaining, trial-avoiding conviction mechanisms, and the global administratization of criminal convictions*. Annu. Rev. Criminol, 2019.

[3] VASCONCELLOS, Vinicius Gomes de. *Colaboração premiada no processo penal*. 3. ed. São Paulo: Revista dos Tribunais, 2020. p. 27.

O tema adquire relevância na medida em que a legislação infraconstitucional, em uma primeira análise, não oferece respostas claras sobre problemas enfrentados em situações que podem dar azo à rescisão do acordo de colaboração premiada.[4] Esse cenário gerou dúvidas em sua aplicação, especialmente nas hipóteses que devem ensejar a ocorrência da rescisão; como deve ser o procedimento de verificação e aplicação; quais são os reflexos probatórios da rescisão para o colaborador (inclusive da própria confissão) e para o delatado, que serão pontos debatidos no trabalho. Verificou-se, também, que a legislação não estipula hipóteses rescisórias imputadas ao Estado nem suas consequências. Essas lacunas, além de gerarem insegurança ao jurisdicionado, podem estimular soluções consensuais à margem da ordem constitucional, ofensivas às garantias fundamentais.

Diante do silêncio da redação original da Lei nº 12.850/2013, a Lei nº 13.964/2019 incluiu alguns dispositivos na referida legislação em uma tentativa de regular a rescisão do acordo de colaboração premiada. Para tanto, estipulou nos §§17 e §§18 do art. 4º que, respectivamente, constituem causas da rescisão a omissão dolosa do colaborador sobre os fatos objeto do acordo e a reiteração na prática de conduta ilícita relacionada ao objeto da colaboração.

No entanto, em virtude da complexidade delitiva que costuma permear os fatos relacionados à colaboração premiada, remanescem questionamentos sobre o que poderia constituir uma omissão dolosa do colaborador, mormente em situações nas quais, aos olhos até mesmo de um operador do direito, se tem dúvidas acerca da ilicitude daquele fato para qual o colaborador, muitas vezes leigo em matéria penal, deixou de colaborar.[5]

---

[4] No mesmo sentido, Bottini também verifica a atualidade do debate sobre a rescisão do acordo de colaboração premiada: "No entanto, problemas persistem. Como em qualquer instituto novo, a prática revelou falhas e omissões no texto legal, impondo aos operadores do direito um esforço para preencher lacunas diante de situações específicas, não previstas pelo legislador. Os parâmetros de negociação, critérios para os benefícios, competência para homologação, hipóteses de rescisão do acordo, o momento do início do cumprimento da pena, os contornos da postura de não litigância são algumas das dificuldades práticas vivenciadas por aqueles que aplicam o instituto, sobre as quais a lei silencia. (BOTTINI, Pierpaolo Cruz. A homologação e a sentença na colaboração premiada na ótica do STF. In: BOTTINI, Pierpaolo Cruz; MOURA, Maria Thereza de Assis (Org.). *Colaboração Premiada*. São Paulo: Revista dos Tribunais, 2017. p. 186.)

[5] Defender-se-á a necessidade de demonstração da consciência de ilicitude, pelo colaborador, do fato que deixou de relatar em seu acordo. Sobre o tema, é necessário recorrer à doutrina da teoria do crime sobre consciência da ilicitude para auxiliar na fixação de parâmetros de interpretação da omissão dolosa como causa rescisória: LEITE, Alaor. *Dúvida e Erro sobre*

Assim, o trabalho buscará apontar as omissões normativas do tema; propor soluções de aplicação, a partir de uma atividade interpretativa das garantias fundamentais aqui trabalhadas, para o preenchimento das lacunas; bem como apresentar sugestões de *lege ferenda* para o aperfeiçoamento da regulação do acordo de colaboração premiada.

Acerca da reiteração de prática delitiva relacionada ao acordo como hipótese rescisória, verifica-se a ocorrência de outra situação que justifica a necessidade de se ter uma pesquisa que proponha apresentar soluções para uma prática constitucional da rescisão do acordo de colaboração premiada. Ainda que se exija, para a ocorrência da rescisão, a prática de ilícito relacionado ao objeto da colaboração, cria-se um cenário incerto na medida em que muitos acordos de colaboração premiada estipulam deveres amplos e genéricos, acarretando, inclusive, no dever do colaborador de relatar todas as práticas criminosas de que detém conhecimento, mesmo que não estejam relacionadas ao fato principal em investigação.

Ainda sobre as hipóteses de rescisão, no âmbito de sua verificação por meio de um procedimento, é importante destacar o papel que a presunção de inocência possui enquanto regras probatória e de juízo.[6]

Não bastasse a necessidade de um aprofundamento teórico na verificação das causas de rescisão do acordo de colaboração premiada, a legislação também não esclarece qual procedimento se deve adotar na aferição da necessidade de se rescindir um acordo. A Orientação Conjunta nº 01/2018 do MPF, em seu item 37,[7] estipula a instauração de um procedimento administrativo prévio quando houver a necessidade

---

Proibição no Direito Penal: A Atuação nos Limites entre o Permitido e o Proibido. 2. ed. Atlas, 2014, São Paulo; FELIPE i SABORIT, David. *Errar Iuris. El conocimiento de la antijuridicidad*. Barcelona: Atelier, 2000; NETTO, Alcides Munhoz. *A ignorância da antijuridicidade em matéria penal*. Rio de Janeiro: Forense, 1978.

[6] Sobre a presunção de inocência enquanto regras probatória e de juízo: NARDELLI, Marcella A. M. Presunção de inocência, standard de prova e racionalidade das decisões sobre os fatos no processo penal. *In*: SANTORO, E. R.; MALAN, D. R.; MADURO, F. M. (Org.). *Crise no processo penal contemporâneo*. Belo Horizonte: D'Plácido, 2018. p. 289-309; FERRUA, Paolo. La prova nel processo penale. *Revista Brasileira de Direito Processual Penal*, Porto Alegre, vol. 4, n. 1, p. 81-128, jan./maio 2018; BADARÓ, Gustavo H. Editorial dossiê "Prova penal: fundamentos epistemológicos e jurídicos". *Revista Brasileira de Direito Processual Penal*, Porto Alegre, v. 4, n. 1, p. 43-80, jan./abr. 2018; VASCONCELLOS, Vinicius G. Standard probatório para condenação e dúvida razoável no processo penal: análise das possíveis contribuições ao ordenamento brasileiro. *Revista Direito GV*, v. 16, p. 1-26, 2020.

[7] "37. O descumprimento do acordo e a causa da sua rescisão deverão ser levados ao juízo, observado o contraditório e preservada a validade de todas as provas produzidas até a rescisão, mediante as seguintes alternativas: a) instauração de procedimento administrativo, quando necessário coletar novas evidências sobre as causas de rescisão que será levado ao

de produção probatória que assegure o contraditório, para posterior homologação judicial.

Porém, deve-se problematizar se é suficiente e compatível com o sistema de garantias constitucionais a mera homologação judicial de um processo administrativo realizado pela própria parte estatal interessada na rescisão da avença. Além do mais, caso se mostre incompatível tal sistemática, justifica-se a necessidade de propor sugestões de um procedimento judicial que oportunize a produção de provas, a ampla defesa e o contraditório.

Para além da verificação das hipóteses rescisórias e do seu procedimento, a pesquisa se mostra necessária na medida em que ainda não são evidentes as consequências da rescisão do acordo. É salutar verificar se a rescisão é a única saída em caso de ocorrência de uma das causas rescisórias. São elas absolutas ou podem ser valoradas de acordo com a efetiva contribuição do colaborador, o que permitiria uma repactuação de acordo com base nas teorias civilistas da conservação dos negócios jurídicos e do adimplemento substancial?[8]

Chegando-se à conclusão no caso concreto de que a rescisão é imperativa, torna-se necessário extrair do sistema de garantias constitucionais soluções complementares às disposições legais sobre os efeitos premiais e probatórios da rescisão do acordo. Essa perquirição também se justifica por se questionar se todos os benefícios devem ser revogados e, caso haja rescisão, qual é a consequência da anterior confissão do colaborador para si e para outrem, além da utilização dos elementos probatórios fornecidos pela colaboração contra o próprio delator e em face de terceiros.

Trata-se, no ponto, de conjugar e extrair do sistema de garantias constitucionais, em especial dos direitos fundamentais da presunção da inocência, os limites constitucionais para os reflexos probatórios de uma renúncia a direitos fundamentais por meio da confissão e de posterior retratação.

O trabalho consiste, portanto, em uma proposta de diagnóstico das lacunas normativas existentes sobre a rescisão do acordo de colaboração premiada e de formulação de sugestões de seu preenchimento. Isso se dá por meio da aplicação dos direitos fundamentais da presunção

---

juízo em seguida; b) provocação direta do juízo, quando a causa de rescisão for constatada sem a necessidade de novos dados ou evidências."

[8] AZEVEDO, Antônio Junqueira de. *Negócio Jurídico*: Existência, validade e eficácia. Rio de Janeiro: Saraiva, 2002.

de inocência, do contraditório e da reserva de jurisdição, a partir de atividades interpretativas, sem prejuízo de propostas de *lege ferenda*.

Embora haja uma tentativa de regulação do tema da rescisão do acordo de colaboração premiada pelos §§17 e 18 do art. 4º da Lei nº 12.850/2013, tais dispositivos, por sua interpretação literal, não respondem por completo à delimitação das hipóteses, do procedimento e dos efeitos. Para isso, considerando que os direitos fundamentais aplicáveis ao processo penal possuem aplicabilidade imediata, independentemente da existência de norma infraconstitucional, o trabalho, por meio de uma atividade interpretativa, buscará construir, a partir dos princípios da presunção de inocência, do contraditório e da reserva de jurisdição, soluções para as lacunas do tema (hipóteses, procedimento e efeitos).

Com a consciência de que nem sempre a atividade interpretativa da norma constitucional será suficiente para o preenchimento das lacunas existentes, o trabalho também formulará propostas de aperfeiçoamento normativo do tema por meio de mudanças na legislação infraconstitucional.

Diante disso, a partir de revisão bibliográfica, serão analisados os seguintes pontos da regulação atual da rescisão do acordo de colaboração premiada: a) as hipóteses de rescisão, em especial a abrangência de omissão dolosa e prática de crime de outra natureza, bem como se as partes podem estabelecer cláusulas rescisórias não previstas em lei; b) o procedimento da rescisão do acordo de colaboração premiada. Nesse contexto, verificar a possibilidade de instrução probatória jurisdicional para aferir o grau de descumprimento do acordo e analisar se a decisão final é homologatória ou (des)constitutiva; c) os critérios para se distinguir o descumprimento do acordo da omissão parcial e as possíveis tomadas de decisão em decorrência dessa diferenciação; d) as consequências probatórias da rescisão, inclusive se as provas produzidas pelo colaborador podem ser utilizadas contra si e em face do delatado, além da (im)possibilidade de retratação da confissão em caso de rescisão.

Assim, a pesquisa busca respostas aos seguintes questionamentos: De que maneira pode-se interpretar as garantias fundamentais da presunção de inocência, do contraditório e da reserva de jurisdição para a solução das lacunas normativas existentes acerca das hipóteses, do procedimento e dos efeitos da rescisão do acordo de colaboração premiada? Quais as mudanças legislativas possíveis e necessárias para o aperfeiçoamento normativo do tema?

Desse modo, o primeiro capítulo fará considerações sobre os limites constitucionais para a expansão da justiça penal negocial, contexto em que o debate sobre o arcabouço normativo da rescisão do acordo de colaboração premiada está inserido. Ainda no primeiro capítulo, será tratada a necessidade de se aplicar imediatamente, a partir de uma atividade hermenêutica, os princípios constitucionais da presunção de inocência – do contraditório e da reserva de jurisdição – para se tentar buscar soluções para o preenchimento das lacunas existentes acerca da rescisão. Destaca-se da escolha de tais garantias fundamentais o fato de a ausência de respostas claras sobre hipóteses, procedimento e efeitos da rescisão poder gerar práticas que tensionam com esses princípios.

O segundo capítulo tem como finalidade apresentar o estado atual da arte sobre a regulação da rescisão do acordo de colaboração premiada e como ela se relaciona com a aplicação das garantias fundamentais da presunção de inocência, do contraditório e da jurisdicionalidade, bem como indicar pontos ainda omissos pela legislação infraconstitucional e que demandam análise pelo legislador para o aperfeiçoamento da regulação normativa. Nesse ponto, serão analisadas as disposições (ou a ausência delas) acerca das hipóteses, do procedimento e dos efeitos da rescisão para as partes. Assim, buscar-se-á diagnosticar os riscos de violação à presunção de inocência, especialmente na interpretação das hipóteses ensejadoras da rescisão, almejando, portanto, conferir uma interpretação constitucional, a partir de tal garantia, do que seria omissão dolosa do colaborador e prática de crime da mesma natureza ao daquele objeto do acordo, ressaltando a necessidade de se verificar o potencial conhecimento da ilicitude. A presunção de inocência, para além de seu emprego na delimitação das hipóteses, também será aplicada para a interpretação dos efeitos probatórios gerados pela rescisão. Ainda no segundo capítulo, diante da ausência de previsão normativa do procedimento rescisório, apontar-se-á a necessidade de se estabelecer um rito próprio a partir dos princípios do contraditório e da reserva de jurisdição. Também serão analisados pontos que carecem de regulação legislativa, como a rescisão causada pelo agente estatal.

O terceiro capítulo, diante dos pontos omissos apontados pelo segundo, analisará o papel do Poder Judiciário no preenchimento das lacunas normativas existentes sobre a rescisão do acordo de colaboração premiada. Como os acordos podem estipular cláusulas rescisórias além daquelas previstas em lei, serão analisados alguns exemplos e a sua conformação com o ordenamento. Por não se tratar de uma pesquisa empírica, optou-se por retirar dos exemplos citados pela doutrina, por uma revisão bibliográfica, as cláusulas rescisórias constantes dos acordos que são públicos. Ao final, o trabalho apresentará sugestões de aperfeiçoamento normativo do instituto, sobretudo de *lege ferenda*.

Espera-se, na conclusão, ser possível apontar as omissões sobre o atual cenário normativo da rescisão do acordo de colaboração premiada que geram tensionamentos com a ordem constitucional; apresentar soluções interpretativas de aplicação da norma constitucional para o preenchimento das lacunas diagnosticadas; e formular proposta de modificações legislativas.

CAPÍTULO 1

PREMISSA GERAL: O SISTEMA DE GARANTIAS CONSTITUCIONAIS APLICÁVEL À RESCISÃO DO ACORDO DE COLABORAÇÃO PREMIADA

A expansão do instituto da colaboração premiada tem sido reconhecida e admitida pela jurisprudência como um importante meio de obtenção de prova, vocacionado a auxiliar no desmantelamento de organizações criminosas e a fornecer elementos probatórios que somente quem participou da empreitada delitiva é capaz de apresentar. Os resultados investigativos de uma colaboração premiada séria e bem-delimitada podem ser significativos.[9]

No entanto, é necessário acompanhá-la sob o cuidado do respeito integral aos direitos fundamentais em jogo, uma vez que o acusado sai do seu papel tradicional de resistência e passa a ser um cooperador da

---

[9] Entre os resultados possíveis da colaboração, como condições para a aferição do benefício, o art. 4º da Lei nº 12.850 destaca:
"Art. 4º O Juiz poderá, a requerimento das partes, conceder o perdão judicial, reduzir em até 2/3 (dois terços) a pena privativa de liberdade, ou substituí-la por restritiva de direitos daquele que tenha colaborado efetiva e voluntariamente com a investigação e com o processo criminal, desde que dessa colaboração advenha um ou mais dos seguintes resultados:
I - a identificação dos demais coautores e partícipes da organização criminosa e das infrações penais por eles praticadas;
II - a revelação da estrutura hierárquica e da divisão de tarefas da organização criminosa;
III - a prevenção de infrações penais decorrentes das atividades da organização criminosa;
IV - a recuperação total ou parcial do produto ou do proveito das infrações penais praticadas pela organização criminosa;
V - a localização de eventual vítima com a sua integridade física preservada [...]".

acusação, o que gera um tensionamento na concepção tradicional e limitada, por garantias fundamentais, da persecução penal.[10]

Nesse ponto, é necessário compreender, como pontua Ademar Borges, que a Constituição é a fonte legitimadora e limitadora da lei penal.[11] Em se tratando de colaboração premiada, instituto que naturalmente versa sobre a renúncia ao direito do indivíduo de confrontar a narrativa acusatória, existe a necessidade de se extrair da Constituição, por meio de uma atividade interpretativa, os limites e os controles para a aplicação da colaboração premiada. Mais ainda quando a norma infraconstitucional não exaure todos os pontos necessários, como no caso da rescisão.

A necessidade de um controle garantista da aplicação da colaboração premiada reside no fato de que o instituto deve ser uma legítima e voluntária opção do exercício do direito da ampla defesa, e não uma coerção – mesmo que indireta – por parte do Estado. Para tanto, não se pode perder de vista a observância do plexo de garantias constitucionais incidentes no processo penal, que deve ser assegurado, indistintamente, ao colaborador e ao delatado, para que a sua aplicação não seja uma verdadeira fixação de pena privativa de liberdade desacompanhada do contraditório, da presunção de inocência e da devida tutela jurisdicional.

Nesse particular, como a lei não exaure a delimitação das hipóteses, do procedimento e dos efeitos da rescisão do acordo de colaboração premiada, cria-se um cenário fértil para a violação de garantias fundamentais. No entender do trabalho, como será demonstrado adiante com mais detalhes, a indefinição quanto às hipóteses e os efeitos probatórios podem violar a presunção de inocência, enquanto a ausência de procedimento específico pode impedir que as partes se confrontem e cercear a necessária atuação jurisdicional, violando, portanto, o contraditório e a reserva de jurisdição.

O objetivo deste capítulo, desse modo, é conferir o substrato constitucional necessário à pesquisa para auxiliar na proposição de soluções às lacunas na aplicação da rescisão do acordo de colaboração premiada, em especial de suas hipóteses, procedimento e efeitos. Procurar-se-á

---

[10] "Ainda que não acarrete a supressão integral da produção probatória no processo, a delação premiada ocasiona o afastamento do réu-colaborador de sua posição de resistência, facilitando a persecução penal ao esvaziar, na prática, seu direito de defesa" (VASCONCELLOS, Vinicius Gomes de. *Colaboração premiada no processo penal*. 3. ed. São Paulo: Revista dos Tribunais, 2020. p. 27-28).

[11] SOUSA FILHO, Ademar Borges de. *O controle de constitucionalidade das leis penais no Brasil*: graus de deferência ao legislador, parâmetros materiais e técnicas de decisão. Belo Horizonte: Fórum, 2019. p. 144-145. Versão *e-book*.

demonstrar, por meio de uma atividade interpretativa, a incidência do sistema de garantias constitucionais no âmbito do referido instituto negocial, aqui recortados pela presunção de inocência, pelo contraditório e pela reserva de jurisdição. Com isso, pretende-se estabelecer as premissas teóricas que nortearão o desenvolvimento do trabalho.

Dessa forma, no presente capítulo serão apresentadas as limitações constitucionais para a expansão da justiça penal negocial no Brasil e os riscos da não observância das garantias na colaboração premiada (tópico 1.1). A importância do item reside em demonstrar traço teórico relevante do trabalho: os espaços de consenso, ainda que admitidos pela ordem constitucional, encontram nesta a sua limitação, para que não se caracterize como fixação de pena privativa de liberdade sem o prévio devido processo legal.

Também será tratada a teoria da aplicação imediata dos direitos fundamentais, que constitui premissa teórica para se defender que as lacunas infraconstitucionais da rescisão do acordo de colaboração premiada podem ser preenchidas pelo desenvolvimento de soluções a partir do Texto Constitucional. Em conjunto com a aplicabilidade imediata, necessário se faz o desenvolvimento de um trabalho hermenêutico para lançar luzes de como deve ser a aplicação imediata das normas constitucionais ao tema da rescisão do acordo de colaboração premiada (tópico 1.2).

Considerando que os espaços de consenso não podem ultrapassar os limites constitucionais do processo penal e a possibilidade de aplicação imediata das garantias fundamentais, procurar-se-á demonstrar a importância da presunção de inocência, do contraditório e da reserva de jurisdição como garantias do delatado e do colaborador (tópico 1.3). Essa apresentação tem como foco pavimentar teoricamente os capítulos posteriores, principalmente na busca de soluções para os vazios existentes acerca das hipóteses, do procedimento e dos efeitos da rescisão do acordo de colaboração premiada.

1.1 Limitações constitucionais para a expansão da justiça criminal negocial no Brasil

Acompanhando uma tendência já presente no processo civil,[12] o sistema de justiça criminal no Brasil passou por significativas

---

[12] Sobre os impactos da expansão dos institutos negociais nos processos civil e penal: CABRAL, Antonio P. Acordos processuais no processo penal. *In*: CABRAL, Antonio P.; PACELLI,

transformações, com destaque para a adoção de institutos negociais no processo penal.[13] Os primeiros sinais dessa expansão aconteceram com o advento da transação penal e da suspensão condicional do processo, ambos previstos na Lei nº 9.099/1995. A partir da Lei nº 12.850/2013, que regulamentou a colaboração premiada, e da Lei nº 13.964/2019 – que trouxe a previsão do acordo de não persecução penal –, a mitigação do processo penal tradicional ganha força cada vez maior e gera tensões relevantes com o sistema de garantias fundamentais aplicáveis ao processo penal.

Um dos motivos que levaram à opção legislativa de ampliar os espaços de consenso é a busca por celeridade processual e eficiência do processo penal. A busca por celeridade processual e atenuação da máquina judiciária não é uma demanda exclusiva do Brasil. Lorena Bachmaier traz à tona exemplos de como outros ordenamentos têm se comportado diante da busca por eficiência na prestação jurisdicional, que não se restringem ao emprego do consenso no processo penal. Nesse contexto, ganham destaque a descriminalização de certas condutas, uma maior atuação do direito administrativo sancionador em substituição ao penal e a criação de procedimentos sumários.[14]

Sobre os espaços de consenso serem uma tendência internacional, Andrey Borges de Mendonça destaca que a Recomendação 18 do Comitê de Ministros da Europa, de 17 de setembro de 1987, sobre a simplificação da justiça criminal, já apontava a justiça negocial como uma saída para se conferir maior eficiência e celeridade ao sistema de justiça penal.[15]

Eugênio; CRUZ, Rogério S. (Coord.). *Coleção Repercussões do novo CPC*. v. 13, Processo Penal. Salvador: JusPodivm, 2016.

[13] Apesar de não ignorar as diferenças conceituais existentes entre justiça penal negocial e consenso, o presente trabalho, para os fins que se dedica, os adotará como sinônimos. Sobre as distinções: "Por seu turno, a justiça negociada designaria, mais propriamente, aquelas situações em que o imputado tem verdadeiro "poder de discussão" acerca das propostas que lhe são feitas, interferindo no seu conteúdo. É forma de participação que confere maior autonomia e permite ir além das alternativas de aceitação ou recusa. Em termos comparativos, a justiça consensual se assemelharia ao contrato de adesão, enquanto a justiça negocial ao contrato sinalagmático" (LEITE, Rosimeire Ventura. *Justiça Consensual e Efetividade do Processo Penal*. Belo Horizonte: Del Rey, 2013. p. 22-23).

[14] BACHMAIER, Lorena. Justiça negociada e coerção: reflexões à luz da jurisprudência do Tribunal Europeu de Direitos Humanos. *In*: GLOECKNER, Ricardo Jacobsen (Org.). Plea Bargaining. São Paulo: Empório do Direito e Tirant Lo blanch. 2019. p. 10.

[15] MENDONÇA, Andrey B. Os benefícios possíveis na colaboração premiada: entre a legalidade e a autonomia da vontade. *In:* MOURA, Maria Thereza A.; BOTTINI, Pierpaolo C. (Coord.). *Colaboração premiada*. São Paulo: RT, 2017. p. 89.

Critica-se que o Brasil acolheu o sistema de justiça penal negocial como solução exclusiva para racionalizar o sistema de justiça criminal em prol de celeridade. Não se promoveu, ao contrário do trazido por Lorena Bachmaier, a despenalização de delitos de pouca gravidade nem se delegou ao Direito Administrativo Sancionador o tratamento de certas condutas que não seriam carentes da tutela penal.[16]

Nesse contexto, importa diferenciar os institutos de justiça criminal negocial no Brasil e as tensões geradas pela sua expansão.

Enquanto a transação penal, a suspensão condicional do processo e o acordo de não persecução penal acarretam a extinção do processo mediante o cumprimento de benefícios acordados, não gerando condenação, a colaboração premiada – com a ressalva do benefício da não imputação penal – não prescinde da tramitação do processo penal e pode resultar em sentença condenatória ainda que com redução de pena.

Também se diferenciam pelo fato de a colaboração premiada constituir meio de obtenção de prova para a acusação, ao passo que os demais institutos não carecem de postura cooperativa do jurisdicionado, bastando a sua anuência às condições propostas. Como apontado por Eugênio Pacelli, "a colaboração premiada no Brasil não dispensa a sentença condenatória, isto é, ela depende da apreciação de todos os fatos e provas, ao final do que somente a procedência da acusação é que permitirá a aplicação da pena assim negociada".[17]

A barganha, por sua vez, é caracterizada pela pactuação de uma pena privativa de liberdade sem processo penal. Portanto, não há aferição da culpabilidade do acusado, não é ofertado a ele o exercício de suas garantias processuais de defesa e o papel do órgão jurisdicional é relegado a um segundo plano. Sobre a expansão do *plea bargaining* e de outras formas de barganha no mundo, Máximo Langer cunhou tal fenômeno como "administrativização das condenações criminais",[18] sob

---

[16] A respeito da fragmentariedade do Direito Penal e a necessidade de delegar o sancionamento de certas condutas ao direito administrativo sancionador: MENTOR, Diogo. *Teoria do Direito de Intervenção*. A alternativa de Winfried Hassemer à inflação dos crimes econômicos. Rio de Janeiro: Lumen Iuris, 2016.

[17] PACELLI, Eugênio. *Curso de processo penal*. 20. ed. São Paulo: Atlas, 2016. p. 844.

[18] Sobre as características de tal fenômeno: "1) mecanismos de condenação sem processo têm assegurado um papel maior a atores administrativos, não judiciais, na determinação sobre a condenação de indivíduos e por quais crimes; 2) essas decisões são tomadas em procedimentos que não incluem um julgamento com os consequentes direitos e garantias do réu" (LANGER, Máximo. Plea bargaining, trial-avoiding conviction mechanisms, and the global administratization of criminal convictions. *Annual Review of Criminology*, 2021 (no prelo). p. 2, tradução livre).

o fundamento de que atores sem função jurisdicional, como Ministério Público e Polícia Judiciária, ganham protagonismo e os critérios de julgamento de um processo justo[19] são substituídos pelos objetivos utilitaristas e imediatos da resposta penal por meio de uma sanção acordada.

As tentativas de incorporação da barganha no Brasil encontram sérias vedações constitucionais. A sua lógica, ao estimular a fixação de uma pena acordada, inferior ao quantum de uma condenação ao final do processo, subverte a presunção de inocência ao transparecer para o acusado a mensagem de que o exercício de suas garantias pode ser menos vantajoso do que renunciá-las.[20] Também é verificável essa violação na medida em que se flexibiliza o dever do ônus probatório acusatório, ou seja, como as partes podem acordar uma pena, a exigência de que a acusação comprove as condutas narradas passa a ser desnecessária.

John Langbein nos alerta sobre a coercibilidade da barganha. Em seu sentir, trata-se de uma ameaça ao acusado de uma fixação de pena mais alta caso ele opte por enfrentar o processo penal, enquanto a pena acordada seria significativamente menor. Essa diferença que tornaria a barganha coercitiva. Em suas palavras, "certamente, há diferença entre ter as costelas quebradas se você não confessar, ou sofrer alguns anos a mais na prisão, mas a distinção é de intensidade, não de natureza. A

---

[19] Acerca do direito ao julgamento justo e seu impacto diante da expansão da justiça penal negocial: MADURO, Andre Mirza. *Direito de acesso aos autos como requisito informativo durante as negociações de colaboração premiada*: uma análise à luz do processo justo (*fair trial*). 2020. 145 f. Dissertação (Mestrado em Direito Constitucional) – Instituto Brasileiro de Ensino, Desenvolvimento e Pesquisa, Brasília, 2021.

[20] Sobre análise crítica da justiça penal negocial e dos seus espaços de consenso: PRADO, Geraldo. Campo jurídico e capital científico: o acordo sobre a pena e o modelo acusatório no Brasil – a transformação de um conceito. *In*: PRADO, Geraldo; MARTINS, Rui Cunha. LOPES JUNIOR, Aury. *Fundamentos do processo penal: introdução crítica*. 3. ed. São Paulo: Saraiva, 2017. p. 174-187; GLOECKNER, Ricardo Jacobsen. Um "novo" liberalismo processual penal autoritário? *In*: GLOECKNER, Ricardo Jacobsen (Org.). *Plea Bargaining*. São Paulo: Tirant lo Blanch, 2019. p. 175-192; CASARA, Rubens R. R. O acordo para aplicação da pena: novas considerações acerca da verdade e do consenso no processo penal brasileiro. *In*: COUTINHO, Jacinto de Miranda; CARVALHO, Luis Gustavo Grandinetti. *O novo processo penal à luz da Constituição*: análise crítica do projeto de Lei nº 156/2009 do Senado Federal. Rio de Janeiro: Lumen Juris, 2011. v. 2. p. 155-157; LANGBEIN, John H. Torture and Plea Bargaining. *The University of Chicago Law Review*, v. 46, n. 1, p. 3-22, 1978; DERVAN, Lucian E.; EDKINS, Vanessa. The Innocent Defendant's Dilemma: An Innovative Empirical Study of Plea Bargaining's Innocence Problem. *Journal of Criminal Law and Criminology*, v. 103, n. 1, p. 1-48, maio/2012; LANGER, Máximo. Plea bargaining, trial-avoiding conviction mechanisms, and the global administratization of criminal convictions. *Annu. Rev. Criminol*, 2019.

barganha, como a tortura, é coercitiva."[21] Vinicius Vasconcellos também chama a atenção para os riscos da desnecessidade de valoração probatória em um cenário de barganha. Como a condenação de uma pena acordada dispensa comprovação da culpabilidade por meio do processo penal, o órgão acusador vê o seu ônus probatório vago, esvaziando o contraditório e a presunção de inocência.[22]

Outro risco que também se faz presente na expansão da justiça penal negocial é a imposição de pena privativa de liberdade, ainda que acordada, a pessoas inocentes. O temor de receber uma condenação mais severa faz com que acusados deixem de resistir e confrontar as acusações e passem a se submeter ao cumprimento de uma sanção mesmo quando conscientes da sua inocência.[23]

Apesar de o Brasil não possuir em seu ordenamento instituto que permita a condenação e a fixação de pena privativa de liberdade acordadas, discute-se se o país segue o fenômeno apontado por Langer.[24] No ponto, Vinicius Vasconcellos destaca que a celebração de acordos de colaboração premiada à margem da lei e a mitigação das garantias fundamentais na aplicação do instituto têm gerado, apesar das diferenças conceituais do *plea bargaining*, a supervalorização e o destaque dos órgãos de persecução e diminuído o papel dos órgãos jurisdicionais,

---

[21] LANGBEIN, John H. Torture and plea bargaining. *The University of Chicago Law Review*, v. 46, n. 1, 1978. p. 12-13, tradução livre.

[22] VASCONCELLOS, Vinicius G. Barganha no processo penal e o autoritarismo "consensual" nos sistemas processuais: a justiça negocial entre a patologização do acusatório e o contragolpe inquisitivo. *Revista dos Tribunais*, São Paulo, n. 953, p. 247, mar. 2015.

[23] "Desse modo, a necessidade de opção entre uma sanção reduzida (o que, na prática atual da colaboração premiada brasileira, representa penas em regimes de cumprimento profundamente mais benéficos) e a imposição de punição agravada fomenta a escolha pela cooperação/confissão, inclusive para imputados inocentes, que poderiam ser absolvidos ao final do processo em seu transcurso normal" (VASCONCELLOS, Vinicius G. *Colaboração premiada no processo penal*. 3. ed. São Paulo: RT, 2020. p. 47).

[24] Sobre a adoção da barganha no Brasil: DE-LORENZI, Felipe da Costa. *Justiça negociada e fundamentos do direito penal*: pressupostos e limites materiais para os acordos sobre a sentença penal no Brasil. 2020. Tese (Doutorado em Ciências Criminais) – Faculdade de Direito, Pontifícia Universidade Católica do Rio Grande do Sul, Porto Alegre; ANDRADE, Flávio S. *Justiça Penal Consensual*. Salvador: JusPodivm, 2019; BRANDALISE, Rodrigo da Silva. *Justiça penal negociada*: negociações de sentença criminal e princípios processuais relevantes. Curitiba: Juruá, 2016; VIEIRA, Renato Stanziola. O que vem depois dos "legal transplants"? Uma análise do processo penal brasileiro atual à luz de direito comparado. *Revista Brasileira de Direito Processual Penal*, Porto Alegre, v. 4, n. 2, p. 767-806, maio-set. 2018.; MALAN, Diogo Rudge. Sobre a condenação sem julgamento prevista no projeto de reforma do CPP (PLS n. 156/09). *Boletim IBCCRIM*, ano 17, n. 207, p. 2- 3, fev. 2010.

uma vez que os espaços de consenso muitas vezes se sobrepõem aos limites estabelecidos pela Constituição Federal.[25]

Não se está a sustentar a inconstitucionalidade da adoção dos institutos negociais nem do acordo de colaboração premiada, até porque eles já são aplicados há anos e não caracterizam pena acordada, podendo ser legítimas opções defensivas. O que se discute é a necessidade de um controle judicial para que os espaços de consenso não se traduzam em abusos e que o não exercício de direitos fundamentais pelo acusado seja livre de qualquer vício de manifestação.

Pode-se dizer que o objetivo deste trabalho se insere no propósito já apresentado na doutrina de fazer construções de "redução de danos" na aplicação da colaboração premiada.[26] Nessa linha, Rosimeire Leite alerta para a importância de aprimorar os institutos consensuais. Em sua visão, à qual este trabalho também se alinha, é necessário um efetivo controle jurisdicional para que o indivíduo que opte por celebrar acordo esteja ciente das consequências de sua decisão e que toda a negociação seja pautada pelo contraditório baseado na defesa técnica e na boa-fé. Também é necessário o estabelecimento de critérios legais para a compatibilidade da justiça penal negocial com o Estado Constitucional democrático.[27]

Nesse contexto, o trabalho sustentará a necessidade da atuação jurisdicional, por meio de um procedimento instrutório calcado no contraditório, para o controle e a aferição das hipóteses rescisórias, de modo a se evitar que tal modalidade de extinção contratual se revista em uma mera consequência da perda de consenso entre as partes.

Diante da indefinição sobre a aplicação de certos pontos da colaboração premiada, tendo a rescisão como um exemplo, Nefi Cordeiro aponta que, mesmo sendo importante enquanto meio de obtenção de provas, há um superdimensionamento da carga acusatória, tendo em vista as lacunas no seu procedimento, necessitando de uma atuação estatal de contenção dessas práticas.[28]

---

[25] VASCONCELLOS, Vinicius Gomes de. Colaboração premiada e negociação na justiça criminal brasileira: acordos para aplicação de sanção penal consentida pelo réu no processo penal. *Revista Brasileira de Ciências Criminais*. São Paulo: Ed. RT, 2020, vol. 166. p. 266.

[26] VASCONCELLOS, Vinicius G. *Colaboração premiada no processo penal*. 3. ed. São Paulo: RT, 2020. p. 54.

[27] LEITE, Rosimeire Ventura. *Justiça Consensual e Efetividade do Processo Penal*. Belo Horizonte: Del Rey, 2013. p. 35.

[28] CORDEIRO, Nefi. *Colaboração premiada*: caracteres, limites e controles. Rio de Janeiro: Forense, 2019. p. 23.

De forma a analisar o controle judicial dos espaços de consenso e do discurso das decisões na aplicação do instituto da colaboração premiada, Michelle de Britto verificou a utilização de argumentos utilitaristas e a incorporação da análise econômica do direito, tendo em vista o objetivo da eficiência e da celeridade penal, para legitimar a chancela judicial de acordos que violam a legalidade e os direitos fundamentais.

Diante disso, a autora também chama a atenção para que haja uma argumentação nas decisões judiciais fiel aos princípios constitucionais que são característicos do sistema acusatório. Salienta que a eficiência e a celeridade não constituem um fim em si mesmo e que devem ser interpretadas e aplicadas em respeito aos direitos fundamentais.[29]

De fato, a justiça penal negocial é uma realidade. Ela alterou paradigmas e rompeu com a tradição do processo penal brasileiro. Diante desse cenário, deve-se atentar para que se faça uma interpretação crítica de tal expansão e sempre alicerçada nas normas constitucionais e no seu sistema de garantias individuais.

A respeito do tema, verifica-se como debate na doutrina a criação de um microssistema principiológico que regule e norteie a atuação da justiça negocial. Nessa lógica, o posicionamento é o de que deve haver o protagonismo do princípio do devido processo consensual.[30]

Para defender tal tese, sustenta-se que as garantias penais tradicionais não são capazes de solucionar as controvérsias existentes nos espaços de consenso, por serem vocacionadas a regular o processo penal tradicional, calcado no confronto entre acusação e defesa.

---

[29] BRITO, Michelle Barbosa de. *Delação premiada e decisão penal*: da eficiência à integridade. Belo Horizonte: D'Plácido, 2016. p. 139-141.

[30] Sobre a inserção de tal vetor principiológico e a sua relação com a legalidade e o devido processo legal, Mendonça e Dias afirmam que: "Nesse sentido, em um acordo de colaboração premiada, o próprio réu fornece elementos à acusação para formação do convencimento do juiz em torno da sua culpabilidade, em troca de benesses em caso de uma provável condenação. As partes atuam de modo convergente a uma mesma finalidade, consistente na aplicação dos termos pactuados em acordo de colaboração. A contraposição de interesses, ali, é apenas potencial (o réu, afinal, pode a qualquer momento desistir do acordo, retornando o processo ao seu espaço de conflito). Enquanto perdurar o acordo, todavia, as partes devem agir em conformidade com as cláusulas pactuadas, ou seja, existe um princípio de atuação convergente das partes (consenso), derivado do princípio da boa-fé objetiva e refletido no princípio que veda a alegação da própria torpeza, traduzida no brocado latino nemo potest venire contra factum proprium. Esses princípios, interligados, são os principais vetores axiológicos do processo penal negocial e é a partir deles que se desenvolve todo o trabalho exegético em torno das questões a ele relacionadas." MENDONÇA, Andrey Borges de; DIAS, Fernando Lacerda. A renúncia ao direito recursal em acordo de colaboração premiada. *In*: SIDI, Ricardo; Lopes, Anderson Bezerra (Org.). *Temas atuais da investigação preliminar no processo penal*. Belo Horizonte: Editora D'Plácido, 2017. p. 129.

A ideia de que o devido processo consensual deve imperar na aplicação do instituto do acordo de colaboração premiada é baseada no argumento de que muitas vezes os acordos são mais benéficos para o acusado (delatado) do que a própria legalidade. No ponto, Vinicius Vasconcellos adverte:

> Como firmado anteriormente, conquanto a justiça criminal negocial aparente um beneficiamento ao imputado, com a redução do poder punitivo estatal, trata-se de ilusão e argumentação falaciosa. Seus efeitos concretos destoam de tais objetivos declarados, ocasionando, inevitavelmente, o esvaziamento de direitos e garantias fundamentais, com o desaparecimento do processo e a expansão irrestrita do poder punitivo estatal.[31]

Este trabalho entende que a criação de um microssistema principiológico voltado à justiça penal negocial não encontra amparo constitucional e pode servir para legitimar aquilo que um processo penal democrático proíbe: a instituição da pena privativa de liberdade acordada. Os espaços de consenso não podem colidir com as garantias fundamentais. Não se pode, também, restringir a incidência de tais direitos ao processo penal tradicional em que há resistência e confronto entre as partes.

A Constituição Federal não estabeleceu tal restrição e/ou distinção sobre a aplicação das garantias individuais. Pelo contrário: as revestiu de proteção de cláusula pétrea e as estabeleceu como limitadores ao exercício do poder punitivo estatal, seja ele no modo tradicional, seja na forma de consenso.

É inegável que o processo penal brasileiro, calcado na legalidade e na máxima da jurisdicionalidade, deve impor limites aos mecanismos negociais, a fim de preservar os direitos fundamentais frente à pretensão punitiva e que a decisão final do processo seja sempre do Estado-Juiz. Para isso, deve-se observar a máxima da jurisdicionalidade. Segundo Canotilho e Brandão, ela se caracteriza como a manifestação da reserva absoluta de jurisdição dos tribunais judiciais nas matérias de foro criminal.[32]

---

[31] VASCONCELLOS, Vinicius Gomes. *Colaboração premiada no processo penal*. 3. ed. São Paulo: Revista dos Tribunais, 2020. p. 181.

[32] CANOTILHO, J. J. Gomes; BRANDÃO, Nuno. Colaboração premiada: reflexões críticas sobre os acordos fundantes da Operação Lava Jato. *Revista Brasileira de Ciências Criminais*, São Paulo, v. 133, ano 25, p. 133-171, jul. 2017.

Isso, todavia, não significa que a legalidade processual e a máxima da jurisdicionalidade impedem a existência de espaços de consenso. E as possibilidades negociais devem encontrar permissão e limites na própria ordem constitucional. Conforme André Callegari e Raul Linhares, "o que há no negócio jurídico é uma liberdade de escolha limitada ao campo de atuação pelo sistema jurídico".[33] Legalidade e consenso, portanto, não podem ser tratados como excludentes.

Além do mais, torna-se perigosa e desnecessária a adoção do "devido processo consensual" pelo fato de a própria Constituição albergar princípios e valores normativos que podem ser aplicados à lógica negocial, como a segurança jurídica, a proteção à confiança legítima, a boa-fé e o ato jurídico perfeito. Não é necessário e muito menos saudável para o processo penal democrático sustentar a não aplicação das garantias individuais em prol de uma aplicação exclusiva de princípios consensuais, uma vez que o Texto Constitucional não autoriza tal distinção.

Dessa forma, buscou-se neste tópico demonstrar as limitações constitucionais para a expansão da justiça penal negocial no Brasil, de modo a orientar o curso do trabalho na busca de proposições resolutivas a problemas específicos sobre a rescisão do acordo de colaboração premiada.

Seja qual for o tópico discutido no âmbito dos institutos negociais, não se pode perder de vista que a pactuação de pena privativa de liberdade sem processo, explícita ou implicitamente, não pode ser o foco dos espaços de consenso no Brasil, por encontrar sérios obstáculos constitucionais. Esse risco deve ser evitado pela atuação presente e zelosa do Poder Judiciário para conformar os espaços de consenso aos limites constitucionais. O trabalho, portanto, analisará a conformação específica da rescisão do acordo de colaboração premiada, baseado nas premissas teóricas apresentadas neste e nos demais tópicos do primeiro capítulo.

1.2 A aplicabilidade imediata dos direitos fundamentais a partir de uma atividade hermenêutica concretizadora

O risco exposto no tópico anterior, de que a hipertrofia dos espaços de consenso na aplicação da colaboração premiada resulte em colisões

---

[33] CALLEGARI, André Luís; LINHARES, Raul Marques. *Colaboração premiada*. Lições práticas e teóricas. 2. ed. Porto Alegre: Livraria do Advogado, 2020. p. 147.

com a Constituição Federal, aumenta diante das lacunas normativas da Lei nº 12.850.[34] Esse cenário gerou dúvidas em sua aplicação, especialmente nas hipóteses que devem ensejar a ocorrência da rescisão; como deve ser o procedimento de verificação e aplicação, além do papel da atuação jurisdicional em relação ao tema; qual o limite do espaço de consenso na estipulação das cláusulas rescisórias; quais são os reflexos probatórios da rescisão para o colaborador (inclusive da própria confissão) e para o delatado.

Em especial, para este trabalho, interessa somente analisar a ausência de respostas claras das hipóteses, procedimento e efeitos da rescisão do acordo de colaboração premiada para, ao final, propor soluções construídas de interpretação do Texto Constitucional e apresentar proposta de inovação legislativa para o aperfeiçoamento do tema. Para tanto, é necessário conferir o devido substrato teórico constitucional que legitime a hipótese desta pesquisa de que tais lacunas podem ser supridas pelo sistema de garantias constitucionais a partir de uma atividade hermenêutica, de caráter concretizador, visando à proteção de direitos fundamentais dentro dos limites possíveis e necessários do Poder Judiciário, sem que represente uma ampliação do poder punitivo estatal.[35]

Passada a exposição do tensionamento entre a expansão da justiça penal negocial e o processo penal democrático e constitucional, torna-se

---

[34] No mesmo sentido, Bottini também verifica a atualidade do debate sobre a rescisão do acordo de colaboração premiada: "No entanto, problemas persistem. Como em qualquer instituto novo, a prática revelou falhas e omissões no texto legal, impondo aos operadores do direito um esforço para preencher lacunas diante de situações específicas, não previstas pelo legislador. Os parâmetros de negociação, critérios para os benefícios, competência para homologação, hipóteses de rescisão do acordo, o momento do início do cumprimento da pena, os contornos da postura de não litigância são algumas das dificuldades práticas vivenciadas por aqueles que aplicam o instituto, sobre as quais a lei silencia. (BOTTINI, Pierpaolo Cruz. A homologação e a sentença na colaboração premiada na ótica do STF. *In*: BOTTINI, Pierpaolo Cruz; MOURA, Maria Thereza de Assis (Org.). *Colaboração Premiada*. São Paulo: Revista dos Tribunais, 2017. p. 186.)

[35] Ademar Borges salienta a impossibilidade, diante do vazio normativo, de a integração do direito ser utilizada como ampliação do poder punitivo penal: "Nada obstante o recente crescimento da demanda por intervenções judiciais que ampliem o poder punitivo no campo penal se baseie em pretensões difusas legítimas, o papel que o STF pode desempenhar na intensificação do controle penal está limitado por uma barreira intransponível: a Corte não pode legislar positivamente para ampliar o poder punitivo penal. No plano teórico, não parece haver divergências sérias quanto à proibição de o STF atuar como legislador positivo contra o réu, em razão do princípio da reserva legal" (SOUSA FILHO, Ademar Borges de. *O controle de constitucionalidade das leis penais no Brasil*: graus de deferência ao legislador, parâmetros materiais e técnicas de decisão. Belo Horizonte: Fórum, 2019. p. 703. Versão para o Kindle).

importante destacar o papel da doutrina da aplicabilidade imediata dos direitos fundamentais para o trabalho e de que modo ela pode subsidiar as tentativas de resposta aos problemas específicos da rescisão do acordo de colaboração premiada, que procurar-se-á demonstrar nos capítulos seguintes.[36]

A aplicabilidade imediata dos direitos fundamentais, em síntese, consiste na defesa de aplicação de tais normas constitucionais para a solução de situações não previstas pela lei, reconhecendo a força normativa dos direitos fundamentais. Para identificar a sua dimensão e compreender o seu status atual, é importante analisar, perfunctoriamente, o surgimento da teoria.

Não se pretende fazer uma análise histórica, por fugir ao escopo do trabalho, mas tão somente, em linhas gerais, compreender as razões que originaram esse importante pensamento constitucional.

A Alemanha, durante a década de 1930, passou por uma profunda transformação social, histórica e institucional: a derrocada da República de Weimar e a ascensão do nazismo. E esse momento histórico contou com discursos jurídicos que legitimaram a instalação do regime totalitário e a substituição da ordem constitucional democrática então vigente. Um dos argumentos jurídicos marcantes utilizados era o de que, embora previstos na Constituição, os direitos fundamentais eram carentes de normatividade por não terem as suas hipóteses de incidência e proteção descritas na legislação infraconstitucional.

Desse modo, a alegada omissão legislativa permitiu que se negasse aplicação aos direitos fundamentais e a criação de leis totalmente ofensivas aos direitos humanos fundamentais, retirando, por completo, a aplicabilidade das normas constitucionais então vigentes.

---

[36] É necessário recorrer à doutrina constitucional sobre a aplicabilidade imediata dos direitos fundamentais: BARROSO, Luis Roberto. *O Direito Constitucional e a Efetividade de suas Normas*. 5. ed. Rio de Janeiro: Renovar, 2001; BRITTO, Carlos Ayres; BASTOS, Celso Ribeiro. *Interpretação e Aplicação das Normas Constitucionais*. São Paulo: Saraiva, 1982; DIMOULIS, Dimitri; MARTINS, Leonardo. *Teoria Geral dos Direitos Fundamentais*. São Paulo: Revista dos Tribunais, 2007; GALINDO, Bruno. *Direitos Fundamentais*: análise de sua concretização constitucional. Curitiba: Juruá, 2003; SAMPAIO, José Adércio Leite (Org.). *Jurisdição Constitucional e Direitos Fundamentais*. Belo Horizonte: Del Rey, 2003; SARLET, Ingo Wolfang. *A eficácia dos direitos fundamentais*. 13. ed. Porto Alegre: Livraria do Advogado, 2015; SILVA, Anabelle Macedo. *Concretizando a Constituição*. Rio de Janeiro: Lumen Juris, 2005; SILVA, José Afonso da. *Aplicabilidade das Normas Constitucionais*. 2. ed. São Paulo: RT, 1991; THEODORO, Marcelo Antônio. *Direitos Fundamentais e sua Concretização*. Curitiba: Juruá, 2003.

Com a vitória dos Aliados e o fim do Terceiro Reich, o Estado Alemão passou a prever em sua ordem constitucional que os direitos fundamentais possuem aplicabilidade imediata.[37] A respeito de a omissão legislativa, por si só, não impedir a incidência da norma constitucional, concorda-se com Gilmar Mendes e Paulo Gonet de que:

> [...] agregou-se à lição da História o prestígio do axioma de que a Constituição – incluindo os seus preceitos sobre direitos fundamentais – é obra do poder constituinte originário, expressão da soberania de um povo, achando-se acima dos poderes constituídos, não podendo, portanto, ficar sob a dependência absoluta de uma intermediação legislativa para produzir efeitos.[38]

No Brasil, a aplicação imediata dos direitos fundamentais é representada pela norma prevista no art. 5º, §1º, da Constituição Federal.[39] No histórico das Constituições brasileiras, a Carta de 1988 foi pioneira em reconhecer a aplicabilidade imediata dos direitos fundamentais. A sugestão da redação surgiu no anteprojeto elaborado pela Comissão Provisória de Estudos Constitucionais, que popularmente ficou conhecida como Comissão Afonso Arinos, seu presidente.

Da leitura do dispositivo é possível perceber que o Constituinte quis conferir a maior eficácia possível às normas de direitos fundamentais e utilizá-las para solucionar situações ainda não reguladas pelo legislador infraconstitucional.[40] Dentro dessa preocupação, o mandado de injunção e os projetos de lei de iniciativa popular surgem como

---

[37] "Os efeitos corrosivos da neutralização ou da destruição dos direitos postos na Constituição foram experimentados de modo especialmente notável na Alemanha, quando da implantação do nazismo. A noção de que os direitos previstos na Constituição não se aplicavam imediatamente, por serem vistos como dependentes da livre atuação do legislador, e a falta de proteção judicial direta desses direitos propiciaram a erosão do substrato democrático da Constituição de Weimar, cedendo espaço a que se assentasse o regime totalitário a partir de 1933. A Lei Fundamental de 1949 reagiu contra essas falhas, buscando firmar-se em princípios como o da proteção judicial dos direitos fundamentais, o da vinculação dos Poderes Públicos aos direitos fundamentais e o da aplicação imediata destes, independentemente de tradução jurídica pelo legislador" (MENDES, Gilmar Ferreira; BRANCO, Paulo Gustavo Gonet. *Curso de Direito Constitucional*. 15. ed. São Paulo: Saraiva, 2020. p. 153-154).

[38] MENDES, Gilmar Ferreira; BRANCO, Paulo Gustavo Gonet. *Curso de Direito Constitucional*. 15. ed. São Paulo: Saraiva, 2020. p. 154.

[39] "§1º As normas definidoras dos direitos e garantias fundamentais têm aplicação imediata".

[40] Sobre a aplicabilidade dos direitos fundamentais e a omissão legislativa: PIOVESAN, Flávia. *Proteção judicial contra omissões legislativas*. São Paulo: Revista dos Tribunais, 1995; CUNHA JUNIOR, Dirley da. *Controle Judicial das Omissões do Poder Público*: em busca de uma dogmática constitucional transformadora à luz do direito fundamental à efetivação da Constituição. São Paulo: Saraiva, 2004.

importantes mecanismos constitucionais para auxiliar na concretude que o Texto Constitucional conferiu às normas de direitos fundamentais.[41]

É importante destacar que a previsão do art. 5º, §1º, confere aplicação imediata a todos os direitos fundamentais, não fazendo distinção entre os individuais e os sociais, independentemente de sua localização topográfica no Texto Constitucional. E a jurisprudência do STF tem solucionado casos de magnitude, em que não há uma resposta legislativa infraconstitucional, com base na aplicabilidade imediata dos direitos fundamentais.[42]

Além da sua necessidade de serem aplicados imediatamente, os direitos fundamentais também possuem eficácia plena, ou seja, não constituem norma de caráter programático ou abstrato. Não se filiando à necessidade de classificação das normas constitucionais por critério de eficácia, Georges Abboud e Nelson Nery Jr. salientam que no paradigma pós-positivista não se pode falar em norma jurídica em abstrato, sendo este somente o texto.[43]

Na definição de Sarlet, Marinoni e Miditiero, "o dever de outorgar às normas de direitos fundamentais sua máxima eficácia e efetividade convive, por sua vez, com o dever de aplicação imediata de tais

---

[41] "A própria Constituição Federal, em uma norma-síntese, determina tal fato dizendo que as normas definidoras dos direitos e garantias fundamentais têm aplicação imediata (CF, art. 5, §1º). Essa declaração pura e simplesmente por si não bastaria se outros mecanismos não fossem previstos para torná-la eficiente (por exemplo, mandado de injunção e iniciativa popular)" (MORAES, Alexandre de. Direitos Humanos Fundamentais. Teoria Geral. 11. ed. São Paulo: Atlas, 2016).

[42] A título de exemplo da aplicabilidade imediata dos direitos fundamentais na jurisprudência do STF: "ADI 3768, relatora Min. Carmen Lúcia, julgado em 26-10-2007, assegura a aplicabilidade direta do artigo 230,§2º, da CF/88, garantindo a eficácia imediata do direito dos idosos em utilizar o transporte público gratuitamente; [...] MS 26854-DF, rel. Min. Ricardo Lewandowski, julgado em 28-08-2007, assegura aplicabilidade direta e imediata ao art. 5º, LIV, da CF/1988, garantindo o direito ao devido processo legal, determinando o restabelecimento do pagamento de aposentadoria tida como irregular em processo administrativo no qual a impetrante sequer teve conhecimento [...]" (CANOTILHO, J. J. Gomes; MENDES, Gilmar Ferreira; SARLET, Ingo Wolfang; STRECK, Lenio Luiz (Org.). Comentários à Constituição do Brasil. São Paulo: Saraiva Educação, 2018. (Série IDP). p. 547). No mesmo sentido: "De modo geral, verifica-se que a jurisprudência do STF tem assumido a premissa de que a aplicabilidade direta das normas de direitos fundamentais é absolutamente incompatível com sua 'mera programaticidade', de modo que das normas de direitos fundamentais não só podem, como devem ser extraídas consequências no que diz com sua eficácia e efetividade, ainda que o legislador quede omisso" (SARLET, Ingo Wolfang; MARINONI, Luiz Guilherme; MITIDIERO, Daniel. *Curso de Direito Constitucional*. 4 ed. São Paulo: Saraiva, 2015. p. 366-367).

[43] CLÉVE, Clémerson Mérli. Direito Constitucional brasileiro. São Paulo: Editora Revista dos Tribunais, 2017. p. 134.

normas, razão pela qual se fala – neste ponto com razão –, no que diz com a aplicabilidade imediata, em uma regra que enuncia tal dever".[44]

A aplicabilidade imediata dos direitos fundamentais não subverte a fundamentabilidade do papel desempenhado pela legislação infraconstitucional, uma vez que esta continua sendo imprescindível para a regulamentação do direito fundamental e o seu nível de eficácia em cada caso. No entanto, como já visto, a disposição do art. 5º, §1º, serve como escudo para discursos e práticas que tentam inutilizar o emprego dos direitos fundamentais sob o argumento de que possuem caráter programático.

Assim, ao objeto desta pesquisa, a aplicabilidade dos direitos fundamentais possui importância, uma vez que há lacunas normativas sobre a regulação da rescisão do acordo de colaboração premiada ou incompletude do texto, tornando-se necessário extrair respostas do Texto Constitucional e da aplicação imediata dos direitos fundamentais, para que tais vazios não fiquem sem preenchimento.

Apesar de a aplicabilidade imediata dos direitos fundamentais ser um comando constitucional expresso, independentemente de norma infraconstitucional, a maneira como a norma é aplicada depende de uma atividade hermenêutica, não se tratando, portanto, de um exercício de subsunção normativa.

Assim, o ponto de partida para escolher entre as atividades interpretativa e integrativa consiste em verificar se a incompletude está no dispositivo ou se está na norma, pois, "por meio da interpretação se extrai da disposição normativa uma norma jurídica. Já por meio da integração do direito se chega a uma norma jurídica sem que haja uma disposição normativa que a exprima".[45]

Diante da ausência de respostas claras pela interpretação literal (até mesmo vazios normativos) sobre a rescisão do acordo de colaboração

---

[44] SARLET, Ingo Wolfang; MARINONI, Luiz Guilherme; MITIDIERO, Daniel. *Curso de Direito Constitucional*. 4. ed. São Paulo: Saraiva, 2015. p. 364-365.

[45] SOUSA FILHO, Ademar Borges de. O controle de constitucionalidade das leis penais no Brasil: graus de deferência ao legislador, parâmetros materiais e técnicas de decisão. Belo Horizonte: Fórum, 2019. P. 708. Versão para kindle. Ademar, no trecho reproduzido, também cita importante explicação doutrinária de Luís Roberto Barroso: "o processo de preenchimento de eventuais vazios normativos recebe o nome de integração. Nela não se cuida, como na interpretação, de revelar o sentido de uma norma existente e aplicável a dada espécie, mas de pesquisar no ordenamento uma norma capaz de reger adequadamente uma hipótese que não foi especificamente disciplinada pelo legislador" (BARROSO, Luís Roberto. Diferentes, mas iguais: o reconhecimento jurídico das relações homoafetivas no Brasil. *Boletim Científico ESMPU*, Brasília, ano 6, n. 22/23, p. 117-163, jan/jun. 2007).

premiada, em especial sobre suas hipóteses, procedimento e efeitos, pretende-se extrair da Constituição, por meio de uma atividade interpretativa, propostas de soluções para os problemas práticos decorrentes da ausência de regulação específica. E essa hermenêutica adquire um caráter concretizador,[46] pois, diante da ausência ou da incompletude de normas infraconstitucionais específicas, deve-se interpretar os direitos fundamentais, para solucionar as incompreensões existentes, e aplicar a interpretação mais consentânea com o Texto Constitucional.

Nesse particular, Luís Roberto Barroso chama a atenção para a importância dos princípios constitucionais na interpretação da legislação ordinária, para sua aplicação, para garantir a conformidade da situação jurídica com a Constituição, citando como exemplo a técnica da interpretação:

> Como técnica de interpretação, o princípio impõe a juízes e tribunais que interpretem a legislação ordinária de modo a realizar, da maneira mais adequada, os valores e fins constitucionais. Vale dizer: entre interpretações possíveis, deve-se escolher a que tem mais afinidade com a Constituição.[47]

No entanto, deve-se ressaltar que nem sempre o intérprete conseguirá, por meio de alguma das técnicas de interpretação, preencher as lacunas existentes sobre a rescisão do acordo de colaboração premiada. Isso não significa que, mesmo o legislador não tendo regulado a questão, pode o Poder Judiciário apresentar soluções derivadas de interpretação constitucional, visando à proteção dos direitos fundamentais tutelados de modo a impedir a caracterização de uma omissão inconstitucional.[48]

---

[46] Sobre o caráter concretizador da atividade hermenêutica: "Isso tudo tem uma consequência importante para o Direito, em especial no que diz respeito à teoria da norma, pois passa a existir uma diferença ontológica entre o texto jurídico e o sentido desse texto, pois o texto não carrega de forma reificada o seu sentido (da norma). Bem por isso é que a interpretação é uma atividade produtiva, e não reprodutiva de um certo sentido dado, repousando nela um aporte criativo do intérprete em que toma parte, inexoravelmente, o sentido da compreensão. No Direito isso fica muito evidente, pois nele há um *logos* hermenêutico que não pode ser olvidado pelo intérprete (HOMMERDING, Adalberto; Lyra, José. *Direito Penal e Hermenêutica*. Uma resposta constitucional ao estado de exceção. Curitiba: Juruá, 2016. p. 66-67).

[47] BARROSO, Luís Roberto. *Curso de Direito Constitucional Contemporâneo*: Os Conceitos Fundamentais e a Construção do Novo Modelo. 5. ed. São Paulo: Saraiva, 2015. p. 336

[48] Sobre atuação do Judiciário no papel de legislador positivo, diante da omissão normativa inconstitucional, enquanto garantidor dos direitos fundamentais: SOUZA FILHO, Ademar Borges de. *Sentenças aditivas na jurisdição constitucional brasileira*. Belo Horizonte: Fórum, 2016.

Deve-se ressaltar a existência de um profícuo e complexo debate acerca das diferenças entre interpretação e integração, uma vez que, na prática, muitas vezes não é feita a devida distinção nas decisões proferidas em controle de constitucionalidade.

A integração se verifica como necessária a partir do momento em que pela interpretação não foi possível apresentar respostas e a sua ausência coloca em risco a aplicação de garantias constitucionais aplicadas ao processo penal.

Ao diferenciar e delimitar a atuação das duas técnicas de decisão, Ademar Borges salienta que a interpretação jurídica só alcança o texto da norma, enquanto as sentenças de perfil aditivo, caracterizadas pela integração do direito, "produzem norma jurídica na medida em que identificam (ou criam) norma não referível a uma disposição normativa específica, constituindo, desse modo, espécie de integração do ordenamento jurídico".[49] Complementando o seu raciocínio, o autor afirma que a atividade integrativa "realiza-se, a partir do reconhecimento de que existe um vazio normativo, verdadeira integração do ordenamento mediante a adição de novo segmento normativo".[50]

Verifica-se, como consequência da essencialidade dos direitos fundamentais e da sua aplicação imediata, que, para se caracterizar uma omissão como inconstitucional, ela não precisa se limitar ao descumprimento de um comando constitucional expresso, podendo ser caracterizada, também, pela inobservância de um princípio constitucional.[51]

O exercício de criação normativa não deixa de ser um papel que caberia ao Poder Legislativo, que quedou inerte. Para mitigar esses riscos, propõe que se exija da fundamentação da sentença integrativa a demonstração de que o legislador não cumpriu com o seu dever[52] e

---

[49] SOUSA FILHO, Ademar Borges de. *O controle de constitucionalidade das leis penais no Brasil*: graus de deferência ao legislador, parâmetros materiais e técnicas de decisão. Belo Horizonte: Fórum, 2019. p. 709. Versão para Kindle.

[50] SOUSA FILHO, Ademar Borges de. *O controle de constitucionalidade das leis penais no Brasil*: graus de deferência ao legislador, parâmetros materiais e técnicas de decisão. Belo Horizonte: Fórum, 2019. p. 709. Versão para Kindle.

[51] SOUSA FILHO, Ademar Borges de. *O controle de constitucionalidade das leis penais no Brasil*: graus de deferência ao legislador, parâmetros materiais e técnicas de decisão. Belo Horizonte: Fórum, 2019. p. 709. Versão para Kindle. No mesmo sentido: FERNANDEZ SEGADO, Francisco. El control de constitucionalidad de las omisiones legislativas: algunas cuestiones dogmáticas. *Estudios constitucionales*, Santiago, v. 7, n. 2. p. 13-69, 2009. p. 53.

[52] SOUSA FILHO, Ademar Borges de. *O controle de constitucionalidade das leis penais no Brasil*: graus de deferência ao legislador, parâmetros materiais e técnicas de decisão. Belo Horizonte: Fórum, 2019. p. 709. Versão para Kindle.

que tal quadro suscita hipóteses de violação aos direitos fundamentais, o que "incita à utilização do princípio da proporcionalidade como categoria metodológica relevante na identificação das situações de omissão inconstitucional".[53]

E a omissão inconstitucional, segundo o Ministro Celso de Mello, "apenas se evidenciar(ia) naquelas estritas hipóteses em que o desempenho da função de legislar refletir, por efeito de exclusiva determinação constitucional, uma obrigação indeclinável ao Poder Público".[54]

Sustenta-se que a legitimidade do Poder Judiciário para exercer a integração do direito por meio de sentenças aditivas decorre do próprio Texto Constitucional ao tratar do mandado de injunção (art. 5º, LXXI),[55] não limitando a sua ocorrência a esta ação constitucional.[56]

Deve-se ressaltar que os riscos de uma postura inadequada e intervencionista na função legiferante, pelo Poder Judiciário, também estão presentes na técnica da interpretação conforme, em virtude de o julgador se utilizar do discurso hermenêutico para o processo criativo de norma, caracterizando uma "insinceridade" na fundamentação,[57] o que, segundo Ademar Borges:

> [...] dificulta a compreensão do exercício da função normativa por parte do STF e impede o desenvolvimento de critérios claros para o controle da legitimidade dessa peculiar função exercida pelo órgão encarregado do controle de constitucionalidade das leis. A demonstração da presença dos requisitos que autorizam a edição das sentenças aditivas – (*i*) existência de omissão inconstitucional (*ii*) do qual resulte obstáculo para o exercício de direitos materialmente fundamentais – constitui

---

[53] SOUSA FILHO, Ademar Borges de. *O controle de constitucionalidade das leis penais no Brasil*: graus de deferência ao legislador, parâmetros materiais e técnicas de decisão. Belo Horizonte: Fórum, 2019. p. 709. Versão para Kindle.

[54] SUPREMO TRIBUNAL FEDERAL. *Mandado de Injunção 542*. Rel. Min. Celso de Mello, Tribunal Pleno, julgado em 29.08.2001. Retirado de: SOUSA FILHO, Ademar Borges de. *O controle de constitucionalidade das leis penais no Brasil*: graus de deferência ao legislador, parâmetros materiais e técnicas de decisão. Belo Horizonte: Fórum, 2019. p. 714-715. Versão para Kindle.

[55] "LXXI - conceder-se-á mandado de injunção sempre que a falta de norma regulamentadora torne inviável o exercício dos direitos e liberdades constitucionais e das prerrogativas inerentes à nacionalidade, à soberania e à cidadania;"

[56] KAUFMANN, Rodrigo de Oliveira. Mandado de Injunção como Poder. *In*: MENDES, Gilmar, VALE, André Rufino do, QUINTAS, Fábio Lima (Org.). *Mandado de Injunção, Estudos sobre sua regulamentação*. São Paulo: Saraiva, 2013. p. 323.

[57] SOUSA FILHO, Ademar Borges de. *O controle de constitucionalidade das leis penais no Brasil*: graus de deferência ao legislador, parâmetros materiais e técnicas de decisão. Belo Horizonte: Fórum, 2019. p. 712-713. Versão para Kindle.

ônus argumentativo do qual o STF deve se desincumbir ao criar direito novo substituindo-se ao legislador.[58]

Dessa forma – seja na técnica de interpretação conforme, que não possibilita a integração do direito pelo julgador, seja por meio de sentença aditiva, "o problema real consiste em definir, em cada caso, se o pedido apresentado para que o STF atue como legislador positivo deve ou não ser admitido à luz da ordem jurídica constitucional".[59]

Apesar de reconhecer a importância do debate entre soluções interpretativas e integrativas, sobretudo por demandar um estudo próprio, o que fugiria ao escopo do que aqui se propõe, o trabalho buscará extrair soluções do Texto Constitucional, que podem ser consideradas interpretativas ou integrativas, a depender dos argumentos lançados e de qual posicionamento se filiar, mas sem se voltar a uma classificação específica com base nesses critérios de cada proposta de solução apresentada.

Assim, reconhece-se que o que aqui se chamará de proposta interpretativa poderá ser considerado integrativa. A questão posta aqui deve se limitar ao alcance da atuação jurisdicional no suprimento dos vazios normativos existentes acerca da rescisão do acordo de colaboração premiada.

Portanto, diante do quadro de insuficiência da interpretação literal ou de verdadeira omissão normativa, necessário se faz um esforço hermenêutico ou o exercício de uma atividade de integração do direito, para se impedir que tal cenário acarrete a ofensa de direitos fundamentais.

Ou seja, mesmo diante da omissão do legislador, as situações práticas sobre hipóteses, procedimento e efeitos da rescisão do acordo de colaboração premiada não podem ficar sem respostas, uma vez que o sistema de garantias constitucionais do processo penal serve de aplicação, por exercício de hermenêutica ou por integração do direito em favor dos direitos fundamentais do acusado, para a construção dessas soluções.

---

[58] SOUSA FILHO, Ademar Borges de. *O controle de constitucionalidade das leis penais no Brasil*: graus de deferência ao legislador, parâmetros materiais e técnicas de decisão. Belo Horizonte: Fórum, 2019. p. 712-713. Versão para Kindle.

[59] SOUSA FILHO, Ademar Borges de. *O controle de constitucionalidade das leis penais no Brasil*: graus de deferência ao legislador, parâmetros materiais e técnicas de decisão. Belo Horizonte: Fórum, 2019. p. 713-714. Versão para Kindle.

Dessa forma, considerando a necessidade de recorrer ao Texto Constitucional para buscar soluções para a ausência de procedimento rescisório e seus efeitos, torna-se necessário interpretar e aplicar os princípios da presunção de inocência, do contraditório e da reserva de jurisdição, de forma a apontar caminhos possíveis de aplicação do instituto.[60]

1.3 A presunção de inocência, o contraditório e a reserva de jurisdição como garantias fundamentais do colaborador e do delatado

Como barreiras para a expansão da justiça penal negocial, dois princípios constitucionais são protagonistas: a presunção de inocência[61] e o contraditório. Este tópico, além de expor, ainda que sucintamente, a densidade constitucional desses direitos fundamentais, busca analisar como eles se relacionam na aplicação do instituto da colaboração premiada. Com isso, espera-se ter base teórica para inserir tais garantias no debate de hipóteses, procedimento e efeitos da rescisão do acordo.

Além da presunção de inocência e do contraditório, não se deve perder de vista a importância da reserva de jurisdição em um processo penal, uma vez que nenhum cidadão pode ter a sua liberdade cerceada sem uma ordem judicial devidamente fundamentada. Isso vale para o curso do processo penal, que necessita incessantemente da tutela jurisdicional dos direitos fundamentais que estão em jogo, ainda que a liberdade só possa vir a ser afetada mediatamente.

Em relação à colaboração premiada, que constitui um negócio jurídico processual e meio de obtenção de prova e é caracterizada por renúncia a direitos fundamentais, mais forte ainda se revela a necessidade da atuação jurisdicional. Portanto, a reserva de jurisdição, ao lado da presunção de inocência e do contraditório, forma o tripé utilizado pelo trabalho como garantia fundamental apta a ser aplicada

---

[60] Da mesma maneira, diante das lacunas existentes no regramento da colaboração premiada Francisco Valdez Pereira busca, a partir de uma atividade interpretativa das normas constitucionais, "refletir sobre a forma de regulação do instituto pelo legislador, e indicar caminhos possíveis na interpretação a aplicação dos meios especiais de obtenção da prova na criminalidade organizada" (PEREIRA, Frederico Valdez. *Delação premiada*: legitimidade e procedimento. 4. ed. Curitiba: Juruá, 2019. p. 133).

[61] Presunções de inocência e de não culpabilidade serão utilizadas como sinônimas.

para solucionar as lacunas existentes do regime jurídico da rescisão do acordo de colaboração premiada.

Em um processo penal verdadeiramente democrático, a presunção de inocência é a sua pedra angular.[62] Na concepção de Juarez Tavares, trata-se de um postulado normativo de atendimento obrigatório.[63] Ela constitui uma limitação essencial à persecução penal, pois estabelece para o Estado regras de tratamento na relação com o acusado, probatórias e de juízo.

Como regra de tratamento, a presunção de inocência se caracteriza pela proibição de que o acusado seja tratado como se culpado fosse pelo fato de ser denunciado ou réu sem condenação transitada em julgado. Em todas as fases de investigação preliminar e processuais, o jurisdicionado deve ser tratado como inocente, tanto pelos demais sujeitos do processo (endoprocessual) quanto pela sociedade (exoprocessual).

Portanto, é uma vedação à discriminação pelo fato de o cidadão ostentar determinada condição processual. Dessa forma, verifica-se como limites extraídos da regra de tratamento o emprego excepcional de prisão provisória, as medidas cautelares e o uso de algemas.

No que diz respeito ao instituto da colaboração premiada, é possível constatar manifestações da presunção de inocência, enquanto regra de tratamento, como garantia do colaborador e do delatado, como exemplo a vedação legal de que sejam decretadas medidas cautelares, reais ou pessoais, baseadas exclusivamente na palavra do colaborador.

Em conjunto com a regra de tratamento, a presunção de inocência também se manifesta no aspecto probatório. Cabe à acusação o ônus integral de desconstituir o estado de inocência.[64] Isso fica claro com a dicção do art. 8º da Convenção Interamericana de Direitos Humanos: "Toda pessoa acusada de delito tem direito a que se presuma sua inocência enquanto não se comprove legalmente sua culpa".

---

[62] "[...] a presunção de inocência não é mais um princípio do processo, é o próprio processo. O princípio da presunção de inocência constitui uma proibição de desautorização ao processo" (SÁNCHEZ-VERA GÓMEZ-TRELLES, Javier. *Variaciones sobre la presunción de inocencia. Análisis funcional desde el Derecho penal*. Madrid: Marcial Pons, 2012. p. 37. Tradução livre). Sobre isso: PRADO, Geraldo. *Prova penal e sistema de controle epistêmico*. São Paulo: Marcial Pons, 2014. p. 18-19.

[63] TAVARES, Juarez. *Fundamentos de teoria do delito*. Florianópolis: Tirant lo Blanch, 2018. p.82.

[64] GIACOMOLLI, Nereu José. *O devido processo penal*. Abordagem conforme a CF e o Pacto de São José da Costa Rica. São Paulo: Atlas, 2016. p. 122.

Faz parte dessa regra a necessidade de que todo o ônus probatório seja da acusação, podendo a defesa contradizer a narrativa acusatória ou ficar inerte, não sendo tal postura utilizada em seu malefício, pois, conforme Gustavo Badaró:

> Mesmo que o acusado permaneça em silêncio e não constitua defensor, poderá ser absolvido, por não ter o Ministério Público conseguido provar a imputação formulada. Ao mais, sendo o ônus imperativo do próprio interesse, muitas vezes o interesse do acusado pode ser, justamente, não fornecer qualquer versão dos fatos para a polícia ou o juiz. Trata-se, pois, de simples faculdade.[65]

A força da regra probatória da presunção de inocência é tamanha que nem a própria confissão do acusado, por si só, é suficiente para afastar o seu estado de não culpabilidade.[66] Na colaboração premiada, ela ganha realce para o colaborador e o delatado. Isso se verifica na medida em que a denúncia não pode ser recebida e nenhuma sentença condenatória pode ser proferida baseadas exclusivamente na palavra do colaborador.[67]

A concepção da presunção de inocência enquanto regra probatória será utilizada neste trabalho ao se analisarem os efeitos probatórios da rescisão do acordo, em especial sobre a possibilidade de retratação da confissão por parte do colaborador e da (in)utilização das provas produzidas pela avença em face do delatado e do próprio colaborador.

A última regra da presunção de inocência é a de juízo, também conhecida como *in dubio pro reo*.[68] Ela está intimamente ligada com a

---

[65] BADARÓ, Gustavo Henrique Righi Ivahy. Ônus da prova no processo penal. São Paulo: Revista dos Tribunais, 2003. p. 231.

[66] Demonstrações disso são as seguintes exigências do Código de Processo Penal: o art. 158 prescreve que a confissão não afasta a exigência do exame de corpo de delito quando o crime deixar vestígios; o confronto da confissão com outras provas do processo de acordo com a previsão do art. 197.

[67] Além da palavra do colaborador, o entendimento é de que documentos unilaterais por ele fornecidos, como anotações, agendas, planilhas etc., desacompanhado de provas de corroboração, também não são aptos a lastrear o recebimento de uma denúncia e uma sentença condenatória.

[68] Sobre standards probatórios, ver: NARDELLI, Marcella A. M. Presunção de inocência, standard de prova e racionalidade das decisões sobre os fatos no processo penal. In: SANTORO, E. R.; MALAN, D. R.; MADURO, F. M. (orgs.). *Crise no processo penal contemporâneo*. Belo Horizonte: D'Plácido, 2018. p. 289-309; FERRUA, Paolo. *La prova nel processo penale*. *Revista Brasileira de Direito Processual Penal*, Porto Alegre, v. 4, n. 1, p. 81-128, jan./maio 2018; BADARÓ, Gustavo H. Editorial dossiê "Prova penal: fundamentos epistemológicos e jurídicos". *Revista Brasileira de Direito Processual Penal*, Porto Alegre, v. 4, n. 1, p. 43-80, jan./

probatória, uma vez que assegura o direito de o acusado ser absolvido em caso de não ter sido produzida prova em sentido contrário acima de qualquer dúvida razoável. Representa uma garantia do cidadão de que, no caso de dúvida quanto ao acervo probatório produzido, o Juiz deverá absolvê-lo.

Desse modo, pode-se afirmar que o status de garantia fundamental dado à presunção de inocência culminou na releitura de determinadas normas infraconstitucionais anteriores à Carta de 1988, especialmente a disposição do art. 156 do Código de Processo Penal de que "a prova da alegação incumbirá a quem a fizer". Em síntese, associada ao contraditório, a presunção de inocência é uma garantia de que o acusado não sofrerá nenhum reflexo a título de culpa em sua esfera de liberdade e probatória pelo fato de ser réu ou condenado sem o trânsito em julgado.

Destaca-se que a presunção de inocência também protege o próprio colaborador, ainda que este tenha confessado e se comprometido a fornecer elementos probatórios para fortalecer a narrativa acusatória. Justifica-se visto que o simples fato de ter celebrado o acordo não implica uma condenação automática do colaborador, podendo o juízo absolvê-lo. Nesse ponto, o §7º-A do art. 4º da Lei nº 12.850/2013, com redação dada pela Lei nº 13.964/2019, determina que, antes da concessão dos benefícios acordados, o juiz deve analisar o mérito da denúncia.

Além disso, no caso do procedimento rescisório do acordo de colaboração premiada, quando a causa for imputada ao indivíduo celebrante, deve-se ter em mente que possui caráter sancionatório, uma vez que visa desconstituir uma situação jurídica que beneficia o indivíduo e optada por este.

Dessa forma, ganha realce a sua condição de "acusado" de descumprimento em detrimento do seu status de colaborador. Assim, na aferição dos requisitos objetivos e subjetivos da rescisão, este trabalho defende a incidência da presunção de inocência, em todas as suas modalidades, para proteger o indivíduo colaborador que é acusado de incorrer em causa de rescisão do seu acordo de colaboração premiada.

As considerações aqui traçadas sobre a presunção de inocência serão úteis no estudo da rescisão nos seguintes pontos específicos: *i*) analisar se em caso de rescisão o colaborador poderá se retratar da

---

abr. 2018; VASCONCELLOS, Vinicius G. *Standard* probatório para condenação e dúvida razoável no processo penal: análise das possíveis contribuições ao ordenamento brasileiro. *Revista Direito GV*, v. 16, p. 1-26, 2020.

confissão, relacionando o direito fundamental à não autoincriminação; *ii*) verificar a possibilidade, ou não, de utilização das provas produzidas pelo acordo rescindido em face do colaborador e do delatado; *iii*) aplicar a presunção de inocência como direito do colaborador, em todas as suas regras, no procedimento de aferição da rescisão.

O princípio do contraditório está intimamente ligado à garantia da ampla defesa. Em sua perspectiva consubstancial, caracteriza-se pela possibilidade de as partes tomarem ciência dos atos praticados no processo e terem condições de se manifestarem e confrontarem as discussões postas no objeto da ação, em igualdade de oportunidades.[69] Em um processo democrático, além do direito de manifestação e contraposição, o princípio do contraditório, para ser efetivado, deve ser apto a influir no convencimento do magistrado e, consequentemente, no processo decisório pela persuasão racional.

Uma importante consequência desse direito fundamental é que, para o réu ter condições de exercer a defesa em sua plenitude, deve-lhe ser assegurado o direito de ter acesso a toda a narrativa acusatória, incluindo o lastro probatório, para somente ao final se manifestar e ter a oportunidade de desconstruir a acusação sem ser surpreendido por elementos que não lhe foram dados conhecimento.

No caso da colaboração premiada, o princípio do contraditório deve ser visto com atenção, mormente em função do papel desempenhado pelo colaborador e da vulnerabilidade ínsita à condição de delatado. Negar que o colaborador tem o interesse latente de que a ação penal se preste a demonstrar a eficiência dos elementos por si produzidos e, com base nisso, considerar que é um acusado em igualdade de condições com o delatado pode levar a sérias ofensas ao contraditório e, consequentemente, aos riscos apontados na expansão da justiça penal negocial (ver tópico 1.1).

Diante disso, debate-se o direito de o delatado impugnar o acordo de colaboração premiada como consequência da aplicação do princípio do contraditório. Embora tal ponto careça de uma atenção exclusiva, o que fugiria ao âmbito deste trabalho, a sua influência nesta pesquisa é importante no seguinte sentido: o principal argumento utilizado pelas correntes doutrinária e jurisprudencial a negar ao delatado o direito de contestar a celebração do acordo é de que este só produz efeitos às

---

[69] GIACOMOLLI, Nereu José. *O devido processo penal*. Abordagem conforme a CF e o Pacto de São José da Costa Rica. São Paulo: Atlas, 2016. p. 183-184.

partes e que, por isso, não prejudicaria o corréu imputado, sendo que ele poderia confrontar amplamente a versão do colaborador durante a ação penal. Dessa forma, ao se considerar que a rescisão se dá por causa de um descumprimento do acordo pelo colaborador, as provas produzidas permaneceriam hígidas e poderiam ser utilizadas contra o delatado, o que será discutido em tópico próprio no próximo capítulo do trabalho.

Outra consequência da sujeição da colaboração premiada ao princípio do contraditório diz respeito ao direito de o delatado confrontar as declarações e as provas produzidas pelo colaborador, ou seja, de fazer um exame cruzado. Uma importante consequência foi, a partir de evolução jurisprudencial, a estipulação no art. 4º, §10-A, de que o delatado deve se manifestar após o colaborador em todas as fases do processo.

Diante do exposto, deve-se discutir a incidência do princípio do contraditório nas hipóteses rescisórias, de forma a guiar o procedimento de aferição da rescisão, permitindo a instrução judicial com produção de prova pelo colaborador que tem o seu acordo questionado.

Outra importante garantia fundamental para o debate aqui proposto é a inafastabilidade da tutela jurisdicional. Pode-se dizer que é ela o pilar para a tutela dos demais direitos fundamentais aplicados ao processo penal. De nada adianta poder alegar violação a determinado princípio, como a presunção de inocência, se não se tem para onde buscar proteção a esse direito.

Dessa forma, o Texto Constitucional prescreve, em seu art. 5º, XXXV, que a lei não excluirá da apreciação do Poder Judiciário lesão ou ameaça a direito. Dessa forma, não pode o legislador infraconstitucional restringir o acesso à justiça nem a atuação jurisdicional quando houver ameaça ou violação a direito.

Em se tratando de matéria penal, a inafastabilidade da tutela jurisdicional, além de tutelar a liberdade individual, como bem apontado por Luís Gustavo Gradinetti Castanho de Carvalho, "assegura e impõe que o magistrado penal exercite o controle difuso da constitucionalidade das leis penais e processuais penais, com frequência, para impor limites à atividade incriminadora e restritiva do Estado, quando necessário".[70]

---

[70] CARVALHO, Luis Gustavo Gradinetti Castanho de. *Processo Penal e Constituição*. Princípios Constitucionais do Processo Penal. 6. ed. São Paulo: Saraiva, 2014. p. 145.

Em relação à colaboração premiada, instituto de justiça negocial que se caracteriza pela não utilização do direito à não autoincriminação,[71] necessário se faz o controle de legalidade do Poder Judiciário, como corolário da inafastabilidade da tutela jurisdicional.

Nesse contexto, a Lei nº 12.850/2013 atribuiu ao magistrado o papel de homologação do acordo. Com o advento da Lei nº 13.964/2019 e a consequente alteração da redação do §7º do art. 4º, o legislador fixou parâmetros normativos e deu mais concretude ao ato de homologação.

Nesse sentido, passa a ser dever do magistrado ouvir sigilosamente o colaborador, na presença de seu defensor; verificar a legalidade e a regularidade do acordo; analisar se os benefícios pactuados não fogem àqueles previstos no art. 4º, assim como se foram respeitadas as regras de fixação e progressão de regime prisional; verificar se os resultados da colaboração correspondem aos requisitos exigidos pelos incisos I, II, III, IV e V do caput do art. 4º; analisar se o colaborador celebrou o acordo em sua plena voluntariedade, tendo uma especial atenção no caso de o acordo ter sido firmado quando o celebrante estava sob a imposição de alguma medida cautelar restritiva de sua liberdade.

Ressalta-se que o descumprimento de quaisquer condições acima expostas pode levar o magistrado a recusar a homologação do acordo, nos termos do §8º do art. 4º. Portanto, embora admita a incorporação de um instituto de justiça negocial ao seu ordenamento, a lei zela pela inafastabilidade da tutela jurisdicional para a aferição da validade do acordo.

Sobre a função jurisdicional na temática do acordo de colaboração premiada, José Canotilho e Nuno Brandão afirmam que, ao se homologar o acordo, além da declaração de validade legal, tal decisão judicial também serve como uma assunção de um compromisso por parte do Estado de que, caso o colaborador cumpra as suas funções e o seu papel seja eficaz, os benefícios que lhe foram pactuados devem ser garantidos.[72]

---

[71] Prefere-se adotar o entendimento de que não se trata de renúncia ao direito fundamental à não autoincriminação, uma vez que tal garantia continua disponível ao acusado colaborador, mas sim de uma condição para celebrar o acordo. No mesmo sentido: CALLEGARI, André L.; LINHARES, Raul M. *Colaboração premiada*: lições práticas e teóricas de acordo com a jurisprudência do Supremo Tribunal Federal. 2. ed. Porto Alegre: Livraria do Advogado, 2020. p. 119.

[72] CANOTILHO, J. J. Gomes; BRANDÃO, Nuno. Colaboração premiada: reflexões críticas sobre os acordos fundantes da Operação Lava Jato. *Revista Brasileira de Ciências Criminais*, São Paulo, v. 133, ano 25, jul. 2017. p. 150.

Portanto, esse recorte sobre a incidência da jurisdicionalidade na homologação do acordo é importante para corroborar a necessidade de um procedimento judicial na aferição da rescisão do acordo de colaboração premiada, uma vez que se o próprio Judiciário afirmou que aquele acordo é válido, deve ser o mesmo a dizer se foi eficaz, ou seja, se cumpriu com o seu objetivo.

Ademais, a) trata-se de rompimento contratual que impacta na situação jurídica processual de um jurisdicionado, o que clama pela tutela de direitos fundamentais pelo Poder Judiciário e b) o pronunciamento rescisório tem o condão de afetar a expectativa gerada por decisão judicial anterior, a homologação.

Portanto, este trabalho utilizará o direito fundamental da inafastabilidade da tutela jurisdicional para defender a necessidade de que o procedimento rescisório tenha caráter instrutório e seja judicial.

1.4 Síntese do capítulo

O presente capítulo teve como objetivo chamar a atenção de que uma aplicação acrítica do acordo de colaboração premiada, em que predominam os espaços de consenso, pode acarretar tensionamentos com o Texto Constitucional gerados pela expansão da justiça penal negocial, uma vez que as garantias fundamentais do processo penal são relegadas a um segundo plano. Esse risco fica ainda maior na medida em que a legislação infraconstitucional não oferece respostas para determinados pontos do instituto, no caso, a rescisão do acordo de colaboração premiada.

Para impedir que os espaços de consenso sejam utilizados como técnica de preenchimento dessas lacunas – em especial de hipóteses, procedimento e efeitos da rescisão –, a aplicabilidade imediata dos direitos fundamentais é imperativa em função do comando constitucional previsto no art. 5º, §1º, da Constituição Federal.

E o trabalho sustenta que deve ser feito um exercício interpretativo das garantias da presunção de inocência, do contraditório e da inafastabilidade da tutela jurisdicional para a proposição de sugestões ao preenchimento dos vazios normativos apontados sobre o tema da rescisão do acordo de colaboração premiada.

Como já dito, a presunção de inocência deve ser utilizada no presente estudo para: *i*) analisar se em caso de rescisão o colaborador poderá se retratar da confissão, relacionando o direito fundamental à não autoincriminação; *ii*) verificar a possibilidade, ou não, de utilização das provas produzidas pelo acordo rescindido em face do colaborador e do delatado; *iii*) aplicar a presunção de inocência como direito do colaborador, em todas as suas regras, no procedimento de aferição da rescisão.

O princípio do contraditório, como já sustentado, também tem a sua importância no seguinte aspecto: guiar o procedimento de aferição da rescisão, permitindo a instrução judicial com produção de prova pelo colaborador que tem o seu acordo questionado.

A inafastabilidade da tutela jurisdicional, por sua vez, serve como base constitucional para defender a necessidade de que o procedimento rescisório seja judicial.

CAPÍTULO 2

A RESCISÃO DO ACORDO DE COLABORAÇÃO PREMIADA

A expansão do instituto da colaboração premiada, majoritariamente regulado pela Lei nº 12.850/2013, gerou inúmeras dúvidas na sua aplicação, inclusive lacunas que a jurisprudência procurou solucionar. As diversas manifestações de entendimentos sobre o tema pelo STF contribuíram para que o Poder Legislativo aperfeiçoasse a regulação da colaboração premiada, por meio da Lei nº 13.964/2019.

Nesse sentido, a título de exemplo, houve a previsão em lei (art. 3º-A) de que o acordo possui natureza de negócio jurídico processual e meio de obtenção de prova, já anteriormente sustentado no acórdão do HC 127.483/PR;[73] a lacuna de regulação das tratativas do acordo foi suprida pelo acréscimo dos arts. 3º-B e 3º-C; houve um esforço legislativo para a maior delimitação do rito e do papel do juiz na homologação do acordo, como se vê nos dispositivos dos §§7º, 7º-B e 8º, todos do art. 4º; verifica-se, também, a preocupação do legislador em assegurar o princípio do contraditório nas situações processuais envolvendo colaboração premiada, como se vê no §10-A do art. 4º e a limitação do *standard* probatório desse meio de obtenção de prova, na linha de importantes decisões judiciais com base no cenário normativo anterior,[74] necessitando que dele advenham elementos de corroboração, como prevê o §16.

---

[73] O entendimento do STF de que a colaboração premiada constitui meio de obtenção de prova e negócio jurídico processual também foi exposto em seu informativo de número 500.

[74] Mesmo diante de ausência de previsão legal expressa, à época da redação original da Lei nº 12.850/2013, construiu-se entendimento de parte dos integrantes do STF de que os elementos produzidos pela colaboração premiada, por si só, sem que houvesse outros de corroboração, não seriam suficientes para o recebimento da denúncia. Vide Inq. 3.994/DF,

Sobre a rescisão do acordo de colaboração premiada, deve-se reconhecer o avanço da Lei nº 13.964/2019 em relação ao cenário da redação original da Lei nº 12.850/2013, principalmente na tentativa de delimitação das hipóteses rescisórias. No entanto, ainda subsistem dúvidas e problematizações a respeito das situações que devem ensejar a rescisão do acordo de colaboração premiada; qual é o procedimento e quais são os critérios de aferição dessas causas, bem como quais são os efeitos probatórios e premiais de um pronunciamento rescisório.[75]

Dessa forma, o presente capítulo, à luz das premissas teóricas apresentadas no capítulo anterior, inicialmente procurará, a fim de se evitar confusões terminológicas, distinguir a rescisão da retratação e da nulidade; analisará o cenário normativo antes e depois da Lei nº 13.964/2019; debaterá as atuais hipóteses rescisórias previstas em lei à luz da presunção de inocência; diante da ausência de regulação sobre o procedimento rescisório, analisará a necessidade deste e proporá sugestões de conformação com base na aplicação dos princípios do contraditório e da inafastabilidade da tutela jurisdicional; apresentará a discussão sobre a necessidade de rescisão diante de hipótese de descumprimento do acordo e quando a repactuação pode se apresentar como solução; analisará as consequências probatórias, assim como o cenário em que a acusação deu causa ao descumprimento do acordo.

2.1 Distinções conceituais: rescisão, retratação e anulação

Entre as hipóteses resolutivas do acordo de colaboração premiada, destacam-se a retratação, a anulação e a rescisão. O objetivo do trabalho tem como objeto a última, mas, para fins de se evitarem

---

2ª Turma, Rel. p/acórdão Min. Dias Toffoli, j. 18.12.2017; Inq. 4.005/DF, 2ª Turma, Rel. Min. Edson Fachin, Rel. p/acórdão Min. Gilmar Mendes, j. 11.12.2018; Inq. 4.074, 2ª Turma, Rel. Min, Edson Fachin, Red. p/acórdão Min. Dias Toffoli, j. 14.08.2018; STF, Inq. 4.419/DF, 2ª Turma, Rel. Min. Gilmar Mendes, j. 11.09.2018; Inq. 4.458/DF, 2ª Turma, Rel. Min. Gilmar Mendes, j. 11.09.2018.

[75] Ao analisar o cenário normativo da rescisão do acordo de colaboração premiada antes da Lei nº 13.964/2019, Marilia Carvalho aponta que "ainda são recentes os casos de dissolução contratual pretendidos pelo Estado, e o desconhecimento das aplicações práticas e teóricas das hipóteses resolutivas gera aplicações diferentes em cada caso, já que inexistem cláusulas gerais de extinção contratual na lei que disciplina a colaboração, tendo cada acordo suas próprias hipóteses de resolução, a depender dos personagens envolvidos, seu status, os interesses públicos e a gravidade dos fatos criminosos" (CARVALHO, Marilia Araujo Fontenele de. *Hipóteses resolutivas do acordo premial e sua ausência procedimental*. 73 f. 2019. Dissertação (Mestrado em Direito Constitucional) – Instituto Brasileiro de Ensino, Desenvolvimento e Pesquisa, Brasília, 2019.

confusões terminológicas, é importante diferenciar as três modalidades. Também é válido narrar o panorama normativo, assim como os seus principais debates, a respeito da retratação e da anulação, ainda que suscintamente, até porque alguns deles são comuns às três hipóteses resolutivas, como a ausência de previsão expressa sobre causas e efeitos de cada uma.

A começar pela retratação, trata-se da manifestação do interesse de um celebrante em romper com o acordo. Ele se vale de uma nova manifestação de vontade para substituir a anterior. Convém, no ponto, verificar a conceituação de Fredie Didier Jr. e Daniela Bomfim:

> A retratação é a exteriorização de vontade do sujeito que tem como efeito extinguir situação jurídica decorrente de uma sua anterior exteriorização de vontade negocial. É o exercício do direito de se arrepender do negócio. A retratação é, pois, negócio jurídico unilateral que tem, em regra, eficácia *ex tunc*, ou seja, ela opera a deseficacização da vontade anterior. Os efeitos que já tiverem sido irradiados serão desconstituídos, se possível; os efeitos ainda pendentes não mais serão produzidos. Em termos práticos, funciona como se a primeira vontade não tivesse sido exteriorizada, porque se possibilita ao sujeito arrepender-se do negócio.[76]

Há discussão sobre até qual momento processual a lei autoriza o colaborador a se retratar. Nesse sentido, a legislação atual, já com as modificações promovidas pela Lei nº 13.964/2019 à Lei nº 12.850/2013, prevê dois dispositivos sobre o tema. O primeiro deles, o §10 do art. 4º, dispõe que "as partes podem retratar-se da proposta, caso em que as provas autoincriminatórias produzidas pelo colaborador não poderão ser utilizadas exclusivamente em seu desfavor". O segundo dispositivo, que é o §6º do art. 3º-B, estipula que, "na hipótese de não ser celebrado o acordo por iniciativa do celebrante, esse não poderá se valer de nenhuma das informações ou provas apresentadas pelo colaborador, de boa-fé, para qualquer outra finalidade".

Como a interpretação literal do §10 do art. 4º condiciona a possibilidade de retratação da proposta, há parcela considerável da doutrina

---

[76] DIDIER JR., Fredie; BOMFIM, Daniela. Colaboração premiada (Lei nº 12.850/2013): natureza jurídica e controle da validade por demanda autônoma – um diálogo com o Direito Processual Civil. *Civil Procedure Review*, v. 7, n. 2, p. 161, maio/ago. 2016.

que limita a retratação à fase das tratativas, impossibilitando que ocorra após a celebração do acordo.[77]

Outra corrente adota uma interpretação sistemática do dispositivo para defender a possibilidade de retratação após a homologação do acordo. Nesse sentido, sustentam que o legislador não empregou o termo "proposta" condicionado às tratativas. Em outro momento, utilizou tal palavra tendo sentido de "acordo", como se vê no §8º do art. 4º, com a redação de que "o juiz poderá recusar a homologação à proposta".

Para tanto, articula-se que a retratação "pressupõe a realização formal de algo em situação anterior, ou seja, só há retratação de uma conduta já realizada e existente no plano jurídico".[78] Assim, se o legislador quisesse limitar a retratação ao momento das tratativas, o verbo utilizado teria que ser "desistir".[79]

Relativizando a importância de classificação do ato de desistência do acordo, de forma tácita ou como consequência do seu descumprimento, antes ou depois da sua assinatura e da sua homologação, Renata Machado Saraiva e Luiza Farias Martins entendem que o que determinam os conceitos da retratação e da rescisão são a necessidade e a densidade de justificativa à desistência da avença.[80]

---

[77] De acordo com esse posicionamento: DIPP, Gilson. A "delação" ou colaboração premiada: uma análise do instituto pela interpretação da lei. Brasília: IDP, 2015. p. 43; PEREIRA, Frederico Valdez. Delação premiada: legitimidade e procedimento. 3. ed. Curitiba: Juruá, 2016. p. 148; CORDEIRO, Nefi. Colaboração premiada: caracteres, limites e controles. Rio de Janeiro: Forense, 2019. p. 53. Este também é o entendimento do ponto 6 da Orientação Conjunta nº 01/2018 do MPF: "A proposta de colaboração premiada é retratável por qualquer das partes até a assinatura do acordo, nos termos do art. 4º, §10, da Lei nº 12.850/2013".

[78] Esse era o entendimento de Vinicius Vasconcellos até a terceira edição de sua obra, tendo mudado de posicionamento na última edição, passando a defender a possibilidade de retratação somente até a homologação. VASCONCELLOS, Vinicius Gomes. Colaboração premiada no processo penal. 3. ed. São Paulo: Revista dos Tribunais, 2020. p. 326.

[79] Em sentido contrário, Fredie Didier e Daniela Bomfim argumentam que "o texto vale-se da expressão proposta, que é exteriorização de vontade unilateral. A expressão 'proposta', literalmente, refere-se a unilateralidade do ato. O texto normativo não se utiliza de expressão que tenha como sentido literal possível a bilateralidade, como acordo ou pacto. Atribuir o sentido de negócio jurídico bilateral ao termo que se caracteriza, essencialmente, por sua unilateralidade ultrapassa o âmbito dos sentidos literais possíveis e está dissonante com o sistema posto, que distingue proposta e acordo decorrente de sua aceitação (art. 427 e seguintes do Código Civil)" (DIDIER JR., Fredie; BOMFIM, Daniela. Colaboração premiada (Lei n. 12.850/2013): natureza jurídica e controle da validade por demanda autônoma – um diálogo com o Direito Processual Civil. Civil Procedure Review, v. 7, n. 2, p. 161, maio/ago. 2016).

[80] SARAIVA, Renata Machado; MARTINS, Luiza Farias Retratação e rescisão dos acordos de colaboração premiada: apontamentos e preocupações. In: CAVALCANTI, Fabiane da Rosa; FELDENS, Luciano; RUTTKE, Alberto (Org.). Garantias Penais. Estudos alusivos aos

Nesse ponto, apontam as autoras que, uma vez iniciadas as tratativas e reconhecidos o arrependimento e a voluntariedade do colaborador, além de constatada a utilidade da colaboração, não poderá o Estado deixar de celebrar o acordo imotivadamente.[81] Dessa forma, entendem que, oferecida a proposta, o Estado não poderá se retratar sem fundamentar. As autoras reconhecem a ausência de norma sobre a necessidade de apresentação de justificativa para a desistência do acordo antes ou depois da homologação.[82]

Diante disso, sustenta-se que a homologação do acordo de colaboração premiada é o primeiro critério normativo gerador de segurança jurídica ao colaborador, uma vez que este estará condicionado ao cumprimento das suas obrigações para ter os benefícios concedidos.

Nesse sentido, assentou o STF no julgamento do HC 127.483 que:

> [...] caso se configure, pelo integral cumprimento de sua obrigação, o direito subjetivo do colaborador à sanção premial, tem ele o direito de exigi-la judicialmente, inclusive recorrendo da sentença que deixar de reconhecê-la ou vier a aplicá-la em desconformidade com o acordo judicialmente homologado, sob pena de ofensa aos princípios da segurança jurídica e da proteção da confiança.[83]

Como a rescisão só pode ocorrer após a homologação, diferencia-se da retratação por exigir um grau de fundamentação mais denso e que deve ser aferido a partir de um procedimento instrutório que respeite as garantias constitucionais do colaborador.[84]

---

20 anos de docência do professor Alexandre Wunderlich. Porto Alegre: Boutique Jurídica, 2019. p. 528.

[81] SARAIVA, Renata Machado; MARTINS, Luiza Farias Retratação e rescisão dos acordos de colaboração premiada: apontamentos e preocupações. In: CAVALCANTI, Fabiane da Rosa; FELDENS, Luciano; RUTTKE, Alberto (Org.). *Garantias Penais*. Estudos alusivos aos 20 anos de docência do professor Alexandre Wunderlich. Porto Alegre: Boutique Jurídica, 2019. p. 529.

[82] SARAIVA, Renata Machado; MARTINS, Luiza Farias Retratação e rescisão dos acordos de colaboração premiada: apontamentos e preocupações. In: CAVALCANTI, Fabiane da Rosa; FELDENS, Luciano; RUTTKE, Alberto. (Org.). *Garantias Penais*. Estudos alusivos aos 20 anos de docência do professor Alexandre Wunderlich. Porto Alegre: Boutique Jurídica, 2019. p. 530.

[83] SUPREMO TRIBUNAL FEDERAL. *Habeas Corpus 127.483*. Rel. Min. Dias Toffoli, Tribunal Pleno, julgado em 27/08/2015, publicado em 04/02/2016.

[84] SARAIVA, Renata Machado; MARTINS, Luiza Farias Retratação e rescisão dos acordos de colaboração premiada: apontamentos e preocupações. In: CAVALCANTI, Fabiane da Rosa; FELDENS, Luciano; RUTTKE, Alberto (Org.). *Garantias Penais*. Estudos alusivos aos 20 anos de docência do professor Alexandre Wunderlich. Porto Alegre: Boutique Jurídica, 2019. p. 531.

Não se pode ignorar os problemas gerados pelo posicionamento favorável à retratação após a homologação do acordo de colaboração premiada, em virtude da dificuldade de se diferenciar da rescisão, cujo rompimento do acordo é gerado pelo descumprimento das obrigações.

Isso porque, na hipótese de se admitir a retratação a qualquer momento, caso não queira cumprir com as suas obrigações e não ter o risco de as provas advindas da colaboração serem utilizadas contra si, o colaborador poderá se valer da retratação para justificar o seu descumprimento.

Nesse sentido, ao rever posicionamento anterior, Vinicius Vasconcellos alerta para a disfuncionalidade gerada em não se estabelecer um marco processual para a possibilidade de retratação:

> Primeiramente, em caso de se considerar como retratação o rompimento ocasionado pelo imputado a qualquer momento, esvazia-se a distinção em relação às consequências probatórias do ato: conforme se analisará no item 9.3, se houver a retratação, em regra, as provas produzidas pelo delator não poderão ser utilizadas; já se ocorrer rescisão por descumprimento de acordo homologado, as provas devem ser mantidas no processo. Exatamente por esse motivo destaca-se a importância da postura sempre defendida neste livro de que a colaboração efetiva, com a produção das provas incriminatórias, deve ocorrer após a homologação do acordo, tanto para a segurança do imputado (pois, cumprido o acordo, há direito ao benefício previsto) como dos órgãos persecutórios (pois, descumprido o acordo, restam mantidas as provas produzidas).[85]

A retratação, portanto, se diferencia da rescisão, por ser um ato de manifestação de vontade, também pela inutilização das provas produzidas pelo colaborador que se retratou do acordo.

A anulação, por sua vez, constitui uma medida sancionatória imposta ao acordo que desrespeita as normas legais ou constitucionais de validação, devendo, portanto, ser extirpado do mundo jurídico, acarretando a inutilização das provas que foram produzidas em razão da colaboração premiada.[86] Concorda-se com Marilia Carvalho de que "o efeito prático da nulidade é a completa desconsideração de todo e

---

[85] VASCONCELLOS, Vinicius Gomes. *Colaboração premiada no processo penal*. 4. ed. São Paulo: Revista dos Tribunais, 2021. p. 355.

[86] DIDIER JR., Fredie; BOMFIM, Daniela. Colaboração premiada (Lei n. 12.850/2013): natureza jurídica e controle da validade por demanda autônoma – um diálogo com o Direito Processual Civil. *Civil Procedure Review*, v. 7, n. 2, p. 161, maio/ago. 2016.

qualquer elemento probatório que conste do acordo, já que [estão] inatingidos os requisitos do plano da validade da escada ponteana, seja em relação ao agente colaborador ou a terceiros delatados".[87]

A respeito das situações ensejadoras de anulação dos acordos, verifica-se o seu emprego, por exemplo, quando o vício compromete a voluntariedade do acordo, desrespeitou as suas hipóteses de cabimento ou foi homologado por juízo incompetente,[88] entre inúmeras outras.[89]

Quanto aos pontos de discussão acerca da anulação, apenas a título de contextualização e sem querer fugir do escopo do trabalho que é a rescisão, tem-se, em regra: a) a manutenção dos benefícios de um acordo anulado; b) a inutilização das provas; c) o direito de o terceiro delatado impugnar o acordo de colaboração premiada por conta de algum vício de ilegalidade ou inconstitucionalidade.

A respeito da manutenção dos benefícios de um acordo que foi anulado, se o vício tiver sido causado pelo próprio Estado, não podendo ser imputado ao colaborador, defende-se a higidez dos prêmios.[90]

Sobre o destino das provas advindas de acordo de colaboração premiada inválido, como há uma violação a direitos fundamentais e às normas processuais, defende-se, em observância à legalidade, que, em regra, elas sejam inutilizadas.[91] Como bem aponta Vinicius Vasconcellos,

---

[87] CARVALHO, Marilia Araújo Fontenele de. Hipóteses resolutivas do acordo premial e sua ausência procedimental. 73 f. 2019. Dissertação (Mestrado em Direito Constitucional) – Instituto Brasileiro de Ensino, Desenvolvimento e Pesquisa, Brasília, 2019. p. 37.

[88] Informativo STF 895. HCV151.605/PR.

[89] Vinicius Vasconcellos também lista outras situações possíveis de anulação: "carência de idoneidade ou necessidade do mecanismo negocial; desproporcionalidade do caso em razão da pouca gravidade do fato; manifesta inconsistência das declarações iniciais do imputado e ausência de corroboração preliminar; inexistência de complexidade na investigação do imputado por falta de esclarecimentos sobre sua situação processual e seus direitos; manifesta imprecisão na subsunção típica dos fatos narrados" (VASCONCELLOS, Vinicius Gomes. *Colaboração premiada no processo penal*. 4. ed. São Paulo: Revista dos Tribunais, 2021. p. 374).

[90] Nesse sentido: VASCONCELLOS, Vinicius Gomes. *Colaboração premiada no processo penal*. 4. ed. São Paulo: Revista dos Tribunais, 2021. p. 372; COSTA, Leonardo Dantas. *Delação Premiada*. A atuação do Estado e a relevância da voluntariedade do colaborador com a Justiça. Curitiba: Juruá, 2017. p. 190. A Segunda Turma do STF decidiu de igual forma nos HCs 142.205 e 143.427, Rel. Min. Gilmar Mendes, Segunda Turma, j. 25.8.2020.

[91] Nesse sentido: ARAÚJO, Gisela B. Da legitimidade do delatado para impugnação do acordo de colaboração premiada. *In*: CALLEGARI, André L. (Coord.). *Colaboração premiada*: aspectos teóricos e práticos. São Paulo: Saraiva, 2019. p. 122; CANOTILHO, J. J. Gomes; BRANDÃO, Nuno. Colaboração premiada: reflexões críticas sobre os acordos fundantes da Operação Lava Jato. *Revista Brasileira de Ciências Criminais*, São Paulo, v. 133, ano 25, jul. 2017. p. 164-168. Apesar disso, a Primeira Turma do STF mitigou os efeitos probatórios da nulidade do acordo de colaboração premiada, sob o argumento de que este é um meio de obtenção de prova e que somente vício no seu consentimento poderia inutilizar as provas

"não se trata de mero formalismo, mas de respeito às regras do devido processo, tendo-se em vista que a forma do ato reflete, em regra, uma garantia para proteção de direitos fundamentais".[92]

Corroborando o decidido pela Primeira Turma do STF no âmbito do Inq. 4405 AgR,[93] Valdez Pereira sustenta que "a declaração de nulidade do acordo não contamina as provas previamente existentes fornecidas pelo colaborador, ou seja, a invalidade do acordo não contamina as provas que já existiam antes da sua efetivação".[94]

Porém, problematiza-se a possibilidade de se excepcionalizar o entendimento de inutilização das provas originárias de um acordo nulo caso o vício tenha sido causado pelo Estado e o colaborador deseje continuar na sua colaboração, uma vez que ele poderia ter a manutenção de seus prêmios e não tendo havido vício na formação de sua vontade.[95] Ganha força esse argumento pelo fato de ser possível a celebração de uma colaboração espontânea, mesmo sem um acordo com o Ministério Público, o que seria caracterizado como delação premiada unilateral.[96] Ao mesmo não se pode desconsiderar, para futuras discussões, os problemas decorrentes de se cogitar a preservação das provas de um acordo nulo, por conta da conferência de aparência de legalidade a uma prova oriunda de um negócio jurídico ilegal.

Como a nulidade do acordo de colaboração premiada pode levar à inutilização das provas por ele produzidas, discute-se se o delatado pode impugnar a avença, visando anulá-la. Como os terceiros podem ser os principais prejudicados pela produção de uma prova que é ilícita na sua origem, "há interesse direto dos delatados ao acesso e impugnação do acordo, além do próprio interesse social no controle dos critérios de barganha e no controle da impunidade de criminosos confessos".[97]

---

produzidas, conforme se depreende do acórdão do Inq. 4.406/DF, Rel. Min. Marco Aurélio, Red. p/acórdão Min. Roberto Barroso, j. 17.04.2018.

[92] VASCONCELLOS, Vinicius Gomes. *Colaboração premiada no processo penal*. 4. ed. São Paulo: Revista dos Tribunais, 2021. p. 372.

[93] Rel. Min. Roberto Barroso, Primeira Turma, publicado em 05.04.2018.

[94] PEREIRA, Frederico Valdez. *Delação premiada*: legitimidade e procedimento. 4. ed. Curitiba: Juruá, 2019. p. 179.

[95] Sobre a inutilização das provas apenas para casos de anulação por vício de vontade na formação do acordo: SUPREMO TRIBUNAL FEDERAL. Inquérito. 4.405/DF AgR. Primeira Turma, Rel. Min. Roberto Barroso, j. 27/02/2018.

[96] VASCONCELLOS, Vinicius Gomes. *Colaboração premiada no processo penal*. 4. ed. São Paulo: Revista dos Tribunais, 2021. p. 376.

[97] CORDEIRO, Nefi. *Colaboração premiada*: caracteres, limites e controles. Rio de Janeiro: Forense, 2019. p. 41.

No entanto, é necessário problematizar para futuras reflexões se o delatado teria interesse de impugnar o acordo de colaboração premiada quando este é nulo, mas não compromete a voluntariedade e o desejo do celebrante em colaborar (vício de incompetência, por exemplo), que, para se concretizar, não necessita que haja um acordo.[98]

Verifica-se, portanto, que, a despeito da mesma carência regulatória de procedimento, a anulação não se confunde com a rescisão. Como sustentam Fredie Didier e Daniela Bomfim, "a ausência de disciplina específica sobre as hipóteses e o meio de invalidação da decisão judicial de homologação, ainda que esta já tenha sido acobertada pela coisa julgada, não significa que a sanção da invalidação não lhe possa ser aplicada".[99]

A rescisão, ou revogação do acordo, por sua vez, se dá em razão de um descumprimento das obrigações pactuadas. Ela pode ocorrer somente após a homologação do acordo, quando é verificado durante o curso da instrução probatória que o celebrante desrespeitou termos do pactuado.[100]

Deve-se diferenciar a configuração das hipóteses rescisórias da valoração do grau de eficiência da colaboração na análise de concessão dos benefícios pelo juiz no momento da sentença, nos termos do §11 do art. 4º da Lei nº 12.850/2013.[101]

Para tanto, tem-se como premissa que o juiz possui certo grau de vinculação com o acordo de colaboração premiada que foi homologado.

---

[98] Sobre essa problemática: ARAS, Vladimir. Rescisão da decisão de homologação de acordo de colaboração premiada. *In*: GOMES; Silva; MANDARINO (Org.). *Colaboração premiada*. Belo Horizonte: D'Plácido, 2018. p. 568; VASCONCELLOS, Vinicius Gomes. *Colaboração premiada no processo penal*. 4. ed. São Paulo: Revista dos Tribunais, 2021. p. 376-377.

[99] DIDIER JR., Fredie; BOMFIM, Daniela. Colaboração premiada (Lei n. 12.850/2013): natureza jurídica e controle da validade por demanda autônoma – um diálogo com o Direito Processual Civil. *Civil Procedure Review*, v. 7, n. 2, p. 161, maio/ago. 2016. p. 168.

[100] Em sentido contrário, Marilia Carvalho entende que a rescisão do acordo de colaboração premiada também pode se dar na sentença, no momento de aferição dos resultados obtidos. CARVALHO, Marilia Araújo Fontenele de. *Hipóteses resolutivas do acordo premial e sua ausência procedimental*. 2019. Dissertação (Mestrado em Direito Constitucional) – Instituto Brasileiro de Ensino, Desenvolvimento e Pesquisa, Brasília, 2019. p. 38.

[101] No mesmo sentido de que é o momento da sentença que se avalia a extensão da eficácia da colaboração e a própria extensão dos benefícios a serem concedidos: CARVALHO, Salo; LIMA, Camile Eltz de. Delação premiada e confissão: filtros constitucionais e adequação sistemática. *In*: PINHO, Ana C. Bastos de; GOMES, Marcus A. de Melo (Coord.). *Ciências criminais*: articulações críticas em torno dos 20 anos da Constituição da República. Rio de Janeiro: Lumen Juris, 2009. p. 248-249; PEREIRA, Frederico Valdez. *Delação premiada*. Legitimidade e procedimento. 3. ed. Curitiba: Juruá, 2016. p. 146. VASCONCELLOS, Vinicius Gomes. *Colaboração premiada no processo penal*. 4. ed. São Paulo: Revista dos Tribunais, 2021. p. 292.

Sustenta-se que os benefícios acordados constituem patamar mínimo ao qual o magistrado deve se ater na sentença caso entenda que as obrigações foram cumpridas.[102] Em tal momento processual, portanto, pode-se conceder benefícios maiores que aqueles que foram pactuados, caso o grau de eficácia da colaboração tenha sido relevante e desde que tais prêmios estejam previstos na lei.[103]

Assim, não se pode confundir a valoração dos benefícios na sentença – que tem como premissa o cumprimento das obrigações e a análise do grau de eficiência daquilo que foi cumprido – com a rescisão do acordo, que é baseada no descumprimento do colaborador. Essa distinção conceitual é relevante em virtude do grau de proximidade entre as situações do descumprimento do acordo e o seu cumprimento parcial, o que interfere na delimitação das hipóteses e no procedimento rescisório, temas que serão abordados nos tópicos seguintes.

2.2 Hipóteses de rescisão antes da Lei nº 13.964/2019

A Lei nº 13.964/2019 foi pioneira na tentativa de estabelecer as hipóteses de rescisão do acordo de colaboração premiada, ao acrescentar os §§17 e 18 ao art. 4º da Lei nº 12.850/2013. Os referidos dispositivos serão analisados no próximo tópico. Primeiramente, é necessário contextualizar, diante da completa ausência de previsão normativa, quais eram as situações estipuladas como causas de revogação antes da recente modificação legislativa.

Como a rescisão é relacionada ao descumprimento de obrigações de um acordo de colaboração premiada homologado e não havia previsão legislativa acerca das hipóteses de revogação, os espaços de consenso ganhavam destaque na estipulação das situações que levariam à extinção da avença pelo inadimplemento.

A rescisão está diretamente relacionada à definição das obrigações do contrato. Se estas não forem claras e objetivas, será maior a insegurança jurídica na definição da revogação. Esse era um cenário

---

[102] VASCONCELLOS, Vinicius Gomes. *Colaboração premiada no processo penal*. 4. ed. São Paulo: Revista dos Tribunais, 2021. p. 125.

[103] Para defender esse posicionamento, Vinicius Vasconcellos sustenta que o §2º do art. 4º da Lei 12.850/2013 autoriza as partes solicitarem a concessão de um benefício mais amplo do que foi pactuado no acordo homologado. *Ibidem*, p. 125. 126. A possibilidade de o juiz conceder benefícios mais favoráveis aos que foram acordados também foi respaldada no julgamento do STJ no Resp 1.852.049/RN, Rel. Min. Joel Ilan Pacionirk, Quinta Turma, j. 20. 10. 2020.

característico dos acordos de colaboração premiada celebrados no âmbito da Operação Lava Jato. Justifica-se porque a indeterminação do objeto, associada à ausência de regras sobre a rescisão do acordo, pode comprometer a confiabilidade do pacto.[104]

Verifica-se um cenário de indefinição quanto às obrigações do celebrante quando existe um dever genérico e permanente de colaborar, resultando em um verdadeiro "pacto de toda a vida",[105] o que acarretaria a prática de *fishing expedition*.[106] Os incisos do art. 4º da Lei nº 12.850/2013 estipulam os objetivos da colaboração premiada, e é possível verificar acordos que prescrevem obrigações relacionadas a eles, limitando-se a reproduzir os respectivos incisos.[107]

Ainda que reproduza artigo da lei, Marilia Carvalho assinala que "não há uma definição mais precisa, mesmo que preliminar, de quantos e quais agentes seriam identificados ou quais seriam provas produzidas, o que ocasiona certa insegurança para a posterior verificação da efetividade da colaboração. É o rol exposto cumulativo ou não?"[108]

A exigência de que o colaborador preste informações sobre qualquer e todo fato criminoso de que tenha conhecimento gera um cenário de insegurança jurídica, acarretando um cenário de pescaria probatória e o supracitado "pacto de toda a vida". Primeiramente, o colaborador pode entender que aquele fato que ele deixou de revelar (e que o Ministério Público pode entender como omissão dolosa) não era criminoso. Em segundo lugar, determinado fato pode ter se perdido no tempo e o colaborador talvez não tenha tido participação efetiva, correndo o

---

[104] No mesmo sentido, Vinicius Vasconcellos afirma que "certamente, o problema aqui descrito envolve diretamente a prática atual de redação de cláusulas com deveres abertos e imprecisos, que obrigam o colaborador a apresentar todas as informações sobre qualquer delito que tenha conhecimento, além de hipóteses abusivamente genéricas para rescisão do acordo. Deve-se ressaltar que as obrigações impostas ao colaborador precisam ser definidas de modo claro e preciso no termo do acordo, de modo a possibilitar um controle efetivo no momento posterior da verificação de sua efetividade" (VASCONCELLOS, Vinicius Gomes. *Colaboração premiada no processo penal*. 4. ed. São Paulo: Revista dos Tribunais, 2021. p. 363.
[105] ROSA, Alexandre Morais da. *Para entender a delação premiada pela teoria dos jogos*: táticas e estratégias do negócio jurídico. Florianópolis: EModara, 2018. p. 341.
[106] Em tom crítico ao dever genérico de colaborar: ROSA, Alexandre Morais da. *Para entender a delação premiada pela teoria dos jogos*: táticas e estratégias do negócio jurídico. Florianópolis: EModara, 2018. p. 341.
[107] Sobre isso: cláusula 5ª do acordo constante da PET 5.244 STF.
[108] CARVALHO, Marilia Araujo Fontenele de. Hipóteses resolutivas do acordo premial e sua ausência procedimental. 73 f. 2019. Dissertação (Mestrado em Direito Constitucional) – Instituto Brasileiro de Ensino, Desenvolvimento e Pesquisa, Brasília, 2019. p. 42.

risco de a autoridade estatal celebrante se posicionar pela rescisão do acordo em virtude da incompletude da informação.

Nesse cenário de dever permanente e genérico de colaboração, cumpre observar os itens 22 e 22.1 da Orientação Conjunta nº 01 do MPF:[109]

> 22. No acordo de colaboração premiada, o colaborador deve narrar todos os fatos ilícitos em relação aos quais concorreu.
> 22.1. É também cabível a celebração de acordo de colaboração ainda que algum dos resultados previstos no art. 4º, I, II, III, IV e V, da Lei nº 12.850 advenha unicamente em relação a fato(s) diverso(s) daquele(s) para o(s) qual(is) o colaborador tenha concorrido.[110]

Portanto, antes das alterações promovidas pela Lei nº 13.964/2019, havia uma tendência de se firmar acordos de colaboração premiada tendo como obrigação do acusado celebrante revelar informações sobre qualquer fato criminoso de que tenha conhecimento, "tornando o rol previso no acordo meramente exemplificativo (cláusula 10, §1º, acordo na PET. 5.244 STF; cláusula 15, parágrafo único, acordo na PET. 5.210 STF; cláusula 8, acordo na PET. 5.952 STF; cláusula 15, acordo na PET. 6.138 STF, cláusula 14, PET. 7.003 STF)".[111]

Como a rescisão está intimamente ligada às obrigações do colaborador, uma vez que aquela é uma consequência ao inadimplemento destas, as cláusulas rescisórias acabam por estipular situações genéricas de descumprimento.[112]

As cláusulas 19, do acordo na PET. 5.244, STF; 23 do acordo na PET. 5.210 STF, 40 do acordo na PET. 5.952 STF; 30 do acordo na PET.

---

[109] Verificar em: http://www.mpf.mp.br/atuacao-tematica/ccr5/orientacoes/orientacao-conjunta-no-1-2018.pdf. Acesso em: 24 out. 2021.

[110] Ao interpretar o dispositivo, Callegari e Linhares trazem à tona o pensamento de Juan Carlos Ortiz Pradillo: "[...] *el colaborador debe facilitar a las autoridades toda la información que conozca o posea sobre la trama criminal, sus integrantes, sus operaciones passadas, presentes o futuras, etc.*" (ORTIZ PRADILLO, Juan Carlos. *Los delatores en el processo penal. Recompensas, anonimato, protección y otras medidas para incentivar una "colaboración eficaz" con la justicia*. Espanha: Wolters Kluwer, 2018. p. 253; CALLEGARI, André L.; LINHARES, Raul M. *Colaboração premiada*: lições práticas e teóricas de acordo com a jurisprudência do Supremo Tribunal Federal. 2. ed. Porto Alegre: Livraria do Advogado, 2020. p. 118).

[111] VASCONCELLOS, Vinicius Gomes. *Colaboração premiada no processo penal*. 4. ed. São Paulo: Revista dos Tribunais, 2021. p. 232.

[112] Cláusula 26, "a" no acordo da PET. 7003 STF: "se o colaborador descumprir, sem justificativa, qualquer dos dispositivos do acordo."

6.138 STF, todos celebrados na Operação Lava Jato, também apontam outros exemplos de cláusulas rescisórias:

> a) descumprimento de qualquer dispositivo do acordo; b) ocultação da verdade ou mentira sobre fatos aos quais há obrigação de colaboração; c) recusa a prestar informação de que tenha conhecimento; d) recusa a entregar documento em seu poder ou sob sua guarda de pessoa de suas relações ou sujeita à sua autoridade ou influência, ou não indicação da pessoa e do local onde ele poderá ser obtido; e) destruição, sonegação, adulteração, ou supressão de provas; f) cometimento de outro crime doloso; g) fuga ou sua tentativa; h) quebra do sigilo do acordo; entre outras.[113]

Verifica-se, portanto, em razão da ausência de balizas legais, a fixação de cláusulas obrigacionais e rescisórias amplas e genéricas, que desvirtuam a essência da segurança jurídica, que todo ambiente negocial deve buscar. Dessa forma, tinha-se um cenário no qual os exemplos de acordo trazem mais referências de hipóteses rescisórias do que a própria legislação.

Chama a atenção, também, a estipulação de cláusulas obrigacionais diferentes para cada acordo, o que de fato acaba por também refletir nas situações de rescisão, podendo levar a ofender o princípio da igualdade, uma vez que o tratamento dispensado pelo Estado não é o mesmo, à míngua de qualquer controle de legalidade.[114]

Apesar de se reconhecer o avanço legislativo na tentativa de delimitação das hipóteses rescisórias, não se deve ignorar a possibilidade de os acordos estipularem cláusulas rescisórias que não estão previstas em lei. Isso em razão de a complexidade de cada situação fática

---

[113] "Em acordo firmado no caso JBS, determinou-se, também, as seguintes hipóteses: 'se o colaborador vier a praticar qualquer outro crime doloso da mesma natureza dos fatos em apuração após a homologação judicial desse acordo', 'se o sigilo a respeito deste acordo for quebrado por parte do colaborador' e 'se o colaborador, podendo, não quitar nos prazos estabelecidos nesse acordo as multas nele previstas' (cláusula 28, alíneas, f, h e j PET. 7.0003 STF). VASCONCELLOS, Vinicius Gomes. *Colaboração premiada no processo penal*. 4. ed. São Paulo: Revista dos Tribunais, 2021. p. 358. No mesmo sentido: SARAIVA, Renata Machado; MARTINS, Luiza Farias. Retratação e rescisão dos acordos de colaboração premiada: apontamentos e preocupações. In: CAVALCANTI, Fabiane da Rosa; FELDENS, Luciano; RUTTKE, Alberto (Org.). *Garantias Penais*. Estudos alusivos aos 20 anos de docência do professor Alexandre Wunderlich. Porto Alegre: Boutique Jurídica, 2019. p. 527.

[114] CARVALHO, Marilia Araújo Fontenele de. *Hipóteses resolutivas do acordo premial e sua ausência procedimental*. 73 f. 2021. Dissertação (Mestrado em Direito Constitucional) – Instituto Brasileiro de Ensino, Desenvolvimento e Pesquisa, Brasília, 2021. p. 41.

ser maior do que os cenários possíveis de previsão pelo legislador ao criar uma norma.

Esse contexto alerta para uma necessidade de controle de práticas negociais à luz dos direitos fundamentais, de modo que a incapacidade de criação de norma para toda situação rescisória – o que leva à expansão dos espaços de consenso – não subverta as garantias constitucionais aplicáveis ao processo penal. Desse modo, por exemplo, em um crime de sequestro, acordo de colaboração que estipule como cláusula rescisória a não indicação do local da vítima, apesar de não estar prevista pela literalidade da lei, é uma hipótese acordada que não tensiona com a ordem constitucional.[115]

Nesse sentido, sabendo da natureza de negócio jurídico processual que o instituto também possui, além de ser meio de obtenção de prova, este trabalho analisará exemplos de cláusulas rescisórias não previstas em lei, buscando verificar a sua conformidade constitucional, o que será tratado no tópico 3.2.

2.3 A rescisão do acordo de colaboração premiada a partir da Lei nº 13.964/2019 e os riscos de violação à presunção de inocência nas hipóteses de rescisão

De forma a evitar a perpetuação do cenário do dever geral de colaboração, típico dos espaços de consenso desregrados, como exposto no tópico anterior, o legislador, por meio da Lei nº 13.964/2019, acresceu o §3º ao art. 3º da Lei nº 12.850/2013, de modo a determinar que, "no acordo de colaboração premiada, o colaborador deve narrar todos os fatos ilícitos para os quais concorreu e que tenham relação direta com os fatos investigados".

Essa inovação legislativa, ao relacionar o dever de colaboração com a pertinência temática do fato investigado, contribuiu para conferir maior segurança jurídica à avença e delimitar o objeto de análise caso haja suspeita de que o colaborador tenha descumprido o seu acordo, evitando que qualquer outro ilícito por ele não afirmado, que não guarde relação com os fatos da avença, seja utilizado como hipótese rescisória.

Essa obrigação mais delimitada, por sua vez, também não impede que o colaborador exponha fatos que ainda não chegaram ao

---

[115] VASCONCELLOS, Vinicius Gomes. *Colaboração premiada no processo penal*. 4. ed. São Paulo: Revista dos Tribunais, 2021. p. 294, 295.

conhecimento das autoridades (§4º-A do art. 4º), ou seja, que possa extrapolar o objeto fático-investigatório e ser recompensado por isso, devendo apresentar as provas e os elementos de corroboração pertinentes. Essa iniciativa contribui por vedar a colaboração por "ouvir dizer".[116]

Nesse mesmo contexto da almejada segurança jurídica para uma maior previsibilidade das hipóteses rescisórias, outra novidade do pacote anticrime foi a previsão dos §§17 e 18 do art. 4º.[117] Assim, tal como a delimitação das obrigações do colaborador, o acordo poderá ser rescindido se houver omissão dolosa de fato que o celebrante se comprometeu a colaborar. Da mesma forma, a prática de conduta delitiva, também relacionada ao objeto do acordo, pode acarretar a sua rescisão.

No entanto, mesmo com o reconhecido esforço do legislador, é necessário estabelecer critérios interpretativos para a aferição das novas hipóteses de rescisão previstas. Nesse particular, como o procedimento de rescisão – cuja imprescindibilidade será tratada em tópico próprio – pode acarretar um status processual penal mais desfavorável ao acusado colaborador, a presunção de inocência, pela sua aplicação imediata, será utilizada como cânone interpretativo na propositura de critérios de julgamento sobre a necessidade de rescisão. Isso já que essa garantia constitucional está diretamente relacionada com a máxima aplicada ao processo penal do *favor libertatis*, incidindo não somente na aferição da culpabilidade penal, mas sim em outros momentos processuais que não se relacionam diretamente a esta.[118]

No ponto, convém reproduzir a lição trazida por Nereu Giacomolli, que chama a atenção para o fato de que a presunção de inocência vai

---

[116] WUNDERLICH, Alexandre; BERTONI, Felipe Faoro. Primeiras notas sobre a colaboração premiada após o pacote anticrime – alterações na Lei 12.850/13 pela Lei 13.964/2019. *In*: CAMARGO, Rodrigo Oliveira; FELIX, Yuri (Org.). *Pacote Anticrime*. Reformas Processuais. Reflexões críticas à luz da Lei 13.964/2019. Florianópolis: EMais Editora, 2020. p. 167.

[117] §17. O acordo homologado poderá ser rescindido em caso de omissão dolosa sobre os fatos objeto da colaboração.
§18. O acordo de colaboração premiada pressupõe que o colaborador cesse o envolvimento em conduta ilícita relacionada ao objeto da colaboração, sob pena de rescisão.

[118] Busato ressalta essa amplitude da presunção de inocência para além de escudo na aferição da culpabilidade do acusado ao citar a passagem seguinte: "A presunção de inocência, pois, representa o consagrado princípio constitucional do favor libertatis. Não se esqueça que a hipoteticidade da imputação tem a dúvida como base do processo. A situação de dúvida, originária do processo, não se desfaz senão com a sentença transitada em julgado; esta situação impõe que no processo penal persista a presunção de inocência até que a dúvida seja desfeita pelo juiz" (SABATINI, Giusseppe. *Principii constituzionali del processo penale*. Napoli: Jovene, 1976. p. 49; CERNICHIARO, Luiz Vicente; COSTA JÚNIOR, Paulo José da. *Direito penal na Constituição*. São Paulo: Revista dos Tribunais, 1995. p. 86; BUSATO, Paulo César. *Direito penal*: parte geral. 2. ed. São Paulo: Atlas, 2015. p. 98.

muito além de sua aplicação no processo penal tradicional, o que nos permite incorporá-la, também, para incidir como garantia do colaborador quando "acusado" de descumprir o acordo:

> As normas protetivas do estado de inocência não restringem seu âmbito de proteção ao processo penal. Por tutelarem o direito de liberdade e a inocência, também se potencializam fora do processo penal, antes de o mesmo iniciar e após o seu término. O cidadão possui a garantia constitucional de que não será detido senão em flagrante ou por ordem escrita e fundamentada da autoridade judicial competente; que não será tido como culpado antes do trânsito em julgado de uma sentença penal condenatória, v.g., em razão do asseguramento à cidadania dos direitos e garantias constitucionais.[119]

Como já discorrido no tópico 1.3 do trabalho, a garantia constitucional da presunção de inocência apresenta as regras probatória, de juízo e de tratamento. No presente caso, embora não constitua ilícito penal descumprir o acordo de colaboração premiada, a sua rescisão – ainda que mediatamente – pode afetar o *status libertatis* do colaborador. Dessa forma, defende-se que seja assegurada a ele a garantia da presunção de inocência como obstáculo ao provimento do pleito rescisório.

2.3.1 Omissão dolosa e potencial conhecimento da ilicitude

Acerca da aferição da primeira hipótese de rescisão do acordo de colaboração premiada, que é a omissão dolosa sobre fatos objeto da colaboração, verifica-se um cenário de insegurança jurídica, uma vez que muitos acordos anteriores à nova lei estipulavam objetos amplos e genéricos. Como a Lei nº 13.964/2019 buscou conferir maior objetividade aos acordos, por meio da inserção do §3º ao art. 3º da Lei nº 12.850/2013, cria-se um desafio na interpretação do que seria uma omissão dolosa apta a ensejar a revogação da avença.

Não se sabe, pelo texto da lei nem pela amplitude e pela generalidade das obrigações pactuadas nos acordos, qual é a relevância da omissão; se a informação sonegada deve constituir crime ou não; nem de como deve ser feita a aferição da omissão dolosa como causa rescisória.

---

[119] GIACOMOLLI, Nereu José. *O devido processo penal*. Abordagem conforme a CF e o Pacto de São José da Costa Rica. São Paulo: Atlas, 2016. p . 476.

Dessa forma, é necessário o estabelecimento de critérios objetivos para verificar se o colaborador realmente praticou uma omissão dolosa da informação que sonegou. Para isso, um critério já utilizado na doutrina penal para a aferição da culpabilidade é o potencial conhecimento da ilicitude[120] e que pode ser utilizado como parâmetro na aferição da hipótese rescisória da omissão dolosa pelo colaborador, essencialmente quando se questiona eventual fato criminoso que o colaborador deixou de informar.

Deve-se ressaltar que não se busca aferir o que o autor – à época do fato (no caso, da sua omissão) – conhecia da ilicitude, porquanto impossível adentrar na sua mente, mas sim a verificação normativa da possibilidade do que se podia conhecer a partir da análise das informações que detinha à época do fato e suas condições culturais e sociais.[121]

Segundo Callegari e Linhares, "consciência da ilicitude significa que o autor possui conhecimento de que o que faz não está permitido pelo Direito, ou seja, que está proibido".[122] No entanto, os autores trazem a real complexidade dessa perquirição ao apontarem para a indefinição do objeto referencial daquilo que se deve saber; o grau de certeza necessário para afirmar que existe a consciência da ilicitude e o seu nível de consciência sobre aquele fato.[123]

Discute-se na doutrina qual seria o conteúdo da consciência de ilicitude. Há posicionamentos no sentido de que o agente deve conhecer que existe uma norma proibitiva do seu comportamento, o que levaria à necessidade de que ele conheça formalmente a antijuridicidade da conduta.[124] No entanto, discorda-se desse posicionamento por entender que, na prática, somente juristas poderiam cometer crimes, uma vez que, em maioria, são os detentores do conhecimento sobre a

---

[120] Pela teoria causalista, a consciência da ilicitude era integrante do dolo, em especial do dolo normativo. A teoria finalista, por sua vez, retirou o dolo da culpabilidade, constituindo elemento subjetivo de análise da tipicidade, deixando o potencial conhecimento da ilicitude no âmbito da culpabilidade. Sobre isso: BITTENCOURT, Cezar Roberto. *Tratado de Direito Penal*. Parte geral. 22. ed. São Paulo: Saraiva, 2016. p. 459.

[121] BUSATO, Paulo César. *Direito penal*: parte geral. 2. ed. São Paulo: Atlas, 2015. p. 569.

[122] CALLEGARI, André Luís; LINHARES, Raul Marques. *Colaboração premiada*: lições práticas e teóricas – de acordo com a jurisprudência do Supremo Tribunal Federal. 2. ed. rev. e ampl. Porto Alegre: Livraria do Advogado, 2020. p. 162.

[123] CALLEGARI, André Luís; LINHARES, Raul Marques. *Colaboração premiada*: lições práticas e teóricas – de acordo com a jurisprudência do Supremo Tribunal Federal. 2. ed. rev. e ampl. Porto Alegre: Livraria do Advogado, 2020. p. 162.

[124] Paulo César Busato cita como defensores desse pensamento Franz Von Liszt e Harro Otto. Ver: BUSATO, Paulo César. *Direito penal*: parte geral. 2. ed. São Paulo: Atlas, 2015. p. 570.

legislação penal.[125] Roxin citado por Busato propõe, ao que nos parece como mais acertado, que se deve ter como objeto da consciência de ilicitude o "entendimento sobre a existência de uma lesão ao bem jurídico protegido pelo tipo de injusto".[126] Nesse sentido, o agente deve saber que a sua conduta, além de não ser juridicamente permitida, é proibida.

Aplicada a consciência de ilicitude à verificação da omissão dolosa como hipótese rescisória, necessária se faz a demonstração pelo órgão acusador de que o delator tinha conhecimento de que aquele fato que deixou de narrar é proibido pela norma penal e guarda pertinência com as suas obrigações do acordo de colaboração premiada.

No entanto, muitas vezes é de difícil percepção, até mesmo para profissionais da área penal, que determinado fato pode constituir um crime, o que dirá para leigos na matéria.[127] Essa dificuldade se sobreleva nos casos de colaboração premiada, uma vez que nem sempre o colaborador apresenta em seus anexos fatos criminosos que serão objeto de investigação ou persecução penal.[128] Ele fica na dúvida se aquele fato é crime ou meramente imoral. Prevalece a subjetividade da decisão se deve narrar ou não.

Assim, a análise se o colaborador tinha conhecimento de que aquela informação sonegada constituiria fato criminoso não pode ser realizada unilateralmente pelo Ministério Público em sua discricionariedade,[129] necessitando que se estabeleça um procedimento jurisdicional lastreado pelo contraditório, conforme se analisará em tópico próprio adiante.

Na busca da definição se o objeto da omissão constitui fato criminoso ou não, não pode se exigir, como demonstração da consciência

---

[125] BRANDÃO, Cláudio. *Curso de Direito penal*: parte geral. Rio de Janeiro: GEN-Forense, 2008. p. 213.

[126] BUSATO, Paulo César. *Direito penal*: parte geral. 2. ed. São Paulo: Atlas, 2015. p. 571.

[127] CALLEGARI, André Luís; LINHARES, Raul Marques. *Colaboração premiada*: lições práticas e teóricas – de acordo com a jurisprudência do Supremo Tribunal Federal. 2. ed. rev. e ampl. Porto Alegre: Livraria do Advogado, 2020. p. 161.

[128] No mesmo sentido é o pensamento do Min. Dias Toffoli em voto de julgamento de que participou: "Até porque, muitos dos anexos, por exemplo, de um termo de colaboração, não contemplam necessariamente fatos criminosos, e não levam o Ministério Público sequer a pedir investigação. O colaborador não tem como saber previamente se algo que ele pensa ser imoral é também crime ou não. Ele vai lá e fala: 'Olha, tenho conhecimento desses fatos, aqui'. E, aí, conforme são os fatos e as personagens envolvidas, o Ministério Público faz os anexos". SUPREMO TRIBUNAL FEDERAL. *Petição 7074 QO*. Rel. Min. Edson Fachin, Pleno, julgado em 29/06/2017.

[129] CALLEGARI, André Luís; LINHARES, Raul Marques. *Colaboração premiada*: lições práticas e teóricas – de acordo com a jurisprudência do Supremo Tribunal Federal. 2. ed. rev. e ampl. Porto Alegre: Livraria do Advogado, 2020. p. 162.

da ilicitude, que o colaborador tenha plena noção da cominação abstrata do tipo penal.[130] Deve-se ter a consciência de que a conduta do fato omitido possui proteção jurídica por norma penal, não sendo suficiente o juízo moral da conduta.

Na verdade, "trata-se de uma mescla em que se une a consciência da vulneração de uma proibição ou mandato jurídico, isto é, da antijuridicidade formal geral, e o conhecimento da antijuridicidade material do fato".[131] E, "definitivamente, é preciso o conhecimento dos aspectos socialmente lesivos pelos quais o fato está proibido".[132]

Além da necessidade de se demonstrar a consciência da ilicitude do fato omitido, defende-se que cabe ao órgão de acusação apontar a relevância da omissão do colaborador, a partir dos impactos na investigação gerados por ela e a correlação temática da informação sonegada com o objeto da investigação. Se este for amplo e genérico, como visto em muitos acordos celebrados antes da Lei nº 13.964, deve-se fazer um escrutínio rigoroso e restritivo da relevância da omissão, permitindo-se sempre que o colaborador dê explicações ou tenha a oportunidade de suprir tal omissão antes de rescindir a avença, em atenção ao princípio do contraditório.

Assim, por exemplo, caso o objeto da colaboração premiada tenha sido a apuração de crimes contra a administração pública praticados por uma organização criminosa, não pode uma ausência de informação do colaborador sobre um crime sexual praticado por ele e outros partícipes ser considerado como uma omissão relevante, ainda que o colaborador tenha plena consciência da antijuridicidade do fato não informado. O ponto de partida é verificar a relação do fato omitido com o objeto da colaboração, levando em consideração que não é permitida a celebração de acordo de colaboração premiada como um pacto para toda a vida:

---

[130] CALLEGARI, André Luís; LINHARES, Raul Marques. *Colaboração premiada*: lições práticas e teóricas – de acordo com a jurisprudência do Supremo Tribunal Federal. 2. ed. rev. e ampl. Porto Alegre: Livraria do Advogado, 2020. p. 163. No mesmo sentido: FELIPE i SABORIT, David. *Error Iuris. El conocimiento de la antijuridicidad*. Barcelona: Atelier, 2000. p. 108-109.

[131] CALLEGARI, André Luís; LINHARES, Raul Marques. *Colaboração premiada*: lições práticas e teóricas – de acordo com a jurisprudência do Supremo Tribunal Federal. 2. ed. rev. e ampl. Porto Alegre: Livraria do Advogado, 2020. p. 163.

[132] CALLEGARI, André Luís; LINHARES, Raul Marques. *Colaboração premiada*: lições práticas e teóricas – de acordo com a jurisprudência do Supremo Tribunal Federal. 2. ed. rev. e ampl. Porto Alegre: Livraria do Advogado, 2020. p. 163.

[...] a redação prevista no art. 3º-C, §3º, da Lei nº 12.850/2013, nos termos da Lei 13.964/2019, ressalta a necessidade de uma limitação do dever de colaborar por pertinência temática. Não se veda a abrangência de outros fatos, mas os contornos das obrigações do colaborador devem ser delimitados adequadamente nos termos do acordo, de modo a possibilitar a verificação do seu cumprimento de modo razoável, sem incidir em um dever excessivamente genérico, incontrolável e desproporcional. Portanto, não há qualquer óbice à formulação de uma "colaboração parcial", que englobe somente parte dos fatos, e então preveja benefícios correspondentes.[133]

Além do mais, um fato cuja responsabilidade penal dos agentes está prescrita, ainda que relacionada ao objeto da colaboração, por si só, não pode ser considerada como uma omissão relevante, uma vez que o Estado nem sequer poderá iniciar investigação preliminar sobre o ocorrido.

Diferente é a situação em que o colaborador, deliberadamente, omite informação crucial sobre o fato relacionado à sua colaboração premiada e dos quais os órgãos de investigação não possuem conhecimento. Por exemplo, quando o agente tem conhecimento do *modus operandi* da prática de lavagem de capitais do braço financeiro da organização criminosa à qual integrou e, dolosamente, não fornece as informações no seu acordo, o que atrapalha o sucesso das investigações para que ele cumpriu colaborar. Trata-se de uma situação passível de rescisão da avença.

Além da demonstração da consciência da ilicitude, da relevância e da pertinência da omissão, necessária se faz a comprovação pelo Ministério Público de que a omissão foi dolosa. A mera alegação de omissão não pode ser acolhida para uma eventual rescisão se não estiver acompanhada desses elementos, como bem apontam Callegari e Linhares:

> A rescisão do acordo de colaboração premiada contra a vontade do colaborador deve ser vista como uma espécie de reprovação pela sua conduta desleal durante as negociações. Jamais se pode reprovar o colaborador por ter compreendido os fatos de maneira conflitante com o entendimento do Ministério Público (se ele era líder ou não, se tal fato era

---

[133] VASCONCELLOS, Vinicius Gomes. *Colaboração premiada no processo penal*. 4. ed. São Paulo: Revista dos Tribunais, 2021. p. 233. No mesmo sentido: BITTAR, Walter B. *Delação premiada*. 3. ed. São Paulo: Tirant, 2020. p. 193.

ilícito ou não etc.), se esse entendimento do colaborador se fundamenta em boa-fé e a sua colaboração com a Justiça permanecer íntegra.[134]

Ressalta-se que, além de não ser fácil a demonstração da omissão dolosa, deve-se atentar para a necessidade de se verificar o momento da omissão. Se a sonegação de determinada informação tiver ocorrido antes da celebração da avença, talvez o Ministério Público não celebrasse o acordo caso tivesse recebido a informação àquela altura, o que poderia levar à conclusão de que a omissão viciou a vontade do celebrante estatal. Nesse caso, tratar-se-ia de hipótese anulatória.

Nesse sentido, para caracterizar a rescisão, a omissão teria que ocorrer já na fase de execução do acordo. Essa complexidade em se apontar o momento omissivo reforça a necessidade de se estabelecer um procedimento rescisório próprio até mesmo para verificar se é o caso de rescisão ou anulação.

A necessidade de se estabelecerem critérios objetivos de aferição da omissão do colaborador está intimamente ligada à garantia da presunção de inocência. Isso porque, enquanto regra probatória, deve-se exigir da acusação que demonstre, para além de qualquer dúvida razoável, que o colaborador omitiu dolosamente fato ou informação cuja ilicitude ele tinha consciência e de que constitua obrigação do acordo de colaboração premiada.

Não pode o Ministério Público presumir que qualquer omissão de informação pelo colaborador constitua argumento suficiente para superar a verdadeira e única presunção possível no processo penal, que é a de inocência.[135]

---

[134] CALLEGARI, André Luís; LINHARES, Raul Marques. *Colaboração premiada*: lições práticas e teóricas – de acordo com a jurisprudência do Supremo Tribunal Federal. 2. ed. rev. e ampl. Porto Alegre: Livraria do Advogado, 2020. p. 57.

[135] Nesse ponto, ao dialogar com o pensamento de Callegari e Linhares, Marilia Carvalho aponta que "sendo a colaboração claro negócio jurídico, o mínimo que se espera é que o órgão ministerial não se valha de uma presunção juris et de jure, utilizando-se da singela alegação de que qualquer descoberta não revelada seria má-fé do colaborador, tomando um fato singular no mundo da probabilidade como verdade absoluta. Há de se respeitar o contraditório em casos de possível revisão ou rescisão contratual" (CARVALHO, Marilia Araújo Fontenele de. *Hipóteses resolutivas do acordo premial e sua ausência procedimental*. 73 f. 2019. Dissertação (Mestrado em Direito Constitucional) – Instituto Brasileiro de Ensino, Desenvolvimento e Pesquisa, Brasília, 2019. p. 53).

2.3.2 Reiteração delitiva do colaborador

Outra novidade trazida pela Lei nº 13.964/2019 é a inserção do §18 ao art. 4º da Lei nº 12.850/2013, com a seguinte redação: "O acordo de colaboração premiada pressupõe que o colaborador cesse o envolvimento em conduta ilícita relacionada ao objeto da colaboração, sob pena de rescisão". É nítido o avanço da regulação das hipóteses de rescisão com a nova legislação. Realmente, desvirtua o sentido do acordo se o colaborador continua com a prática delitiva que ensejou a celebração da avença.

No entanto, ainda subsistem dúvidas pontuais sobre essa hipótese de rescisão, principalmente aos critérios para se configurar a reiteração delitiva do colaborador. Qual é o *standard* necessário para se considerar que se continua a prática delitiva? Qual deve ser a natureza do ilícito por ele praticado? Se o colaborador praticar crime de mesma natureza do fato que ensejou a colaboração, deve o acordo ser rescindido? Esses serão os pontos tratados no presente tópico. Para tanto, como está a se tratar de aferição de culpabilidade do agente sobre determinada prática criminosa, utilizar-se-á a garantia constitucional da presunção de inocência, que possui aplicação imediata, como vetor interpretativo.

O primeiro aspecto a ser considerado é o caráter pragmático da colaboração premiada, uma vez que constitui meio de obtenção de prova. Se o instituto tem o condão de fornecer informações probatórias relevantes aos agentes investigativos, não pode o acordo servir tão somente como um juízo de culpabilidade do colaborador. Essa é uma tarefa que cabe ao órgão jurisdicional.

Dessa forma, foi feliz o legislador ao vincular a reiteração delitiva ao objeto do acordo, evitando-se, assim, que haja a rescisão por conta de alguma descoberta superveniente de prática delitiva do colaborador sem relação com o objeto da avença, o que desvirtuaria a essência do instituto e representaria, de fato, o censurável "pacto de toda a vida".[136]

Assim, busca-se limitar as hipóteses de rescisão aos casos em que haja um comportamento desleal do colaborador que resulte na ineficácia do acordo (omissão dolosa), comprometendo a sua função de fornecer material ou caminhos probatórios para os órgãos de investigação, ou que desvirtue o próprio sentido do acordo – que tem como

---

[136] ROSA, Alexandre Morais da. *Para entender a delação premiada pela teoria dos jogos*: táticas e estratégias do negócio jurídico. Florianópolis: EModara, 2018. p. 341.

premissa a cessação da prática criminosa – pela reiteração delitiva relacionada ao fato objeto do negócio jurídico firmado.

Mais uma vez, a busca pela delimitação e pela regulação dos espaços de consenso da Lei nº 13.964/2019 confronta com o cenário anterior, no qual se verificava a celebração de acordos com obrigações genéricas e amplas, nas quais a (in)segurança jurídica ficava condicionada à interpretação do Ministério Público sobre a execução da colaboração premiada.

Nesse sentido, deve-se interpretar o que seria "conduta ilícita relacionada ao objeto da colaboração". Como, por força do art. 3º-C, §3º, o colaborador deve narrar para os agentes estatais todos os fatos ilícitos que concorreu e que tenham relação com a investigação que o levou a celebrar o acordo, deve-se interpretar a presente cláusula rescisória quando a reiteração delitiva estiver inserida faticamente no âmbito do contexto da investigação que culminou na celebração do acordo de colaboração premiada.

Assim, para verificar a inserção fática da reiteração delitiva enquanto hipótese de rescisão, pode-se adotar como critérios de análise se foi praticada pela mesma organização criminosa; comparação dos artifícios e mecanismos delitivos, ou seja, o seu *modus operandi* e se ofendeu os mesmos bens jurídicos, por exemplo. Como os acordos de colaboração premiada se relacionam com a prática de delitos associativos (organização e associação criminosa), é por bem analisar a incorrência dessa hipótese rescisória à luz da sistematização do núcleo criminoso ao qual o colaborador pertencia.

Desse modo, esses critérios buscam distinguir a necessidade de rescisão pela reiteração delitiva do colaborador – baseada na permanência dele no meio criminoso que era investigado – da revogação por prática de crime que não guarde relação com os fatos originários do acordo de colaboração premiada.

Diferente e mais complexo é o debate acerca de quando se pode afirmar que o colaborador reiterou na prática delitiva e seus eventuais tensionamentos com o princípio da presunção de inocência. A questão diz respeito a qual é o momento processual de verificação da reiteração delitiva apto a ensejar a rescisão do acordo. Em uma primeira análise, por uma interpretação literal superficial do art. 5º, LVII da Constituição, cogitar-se-ia de se defender que somente a condenação criminal transitada em julgado do fato objeto de reiteração delitiva poderia ensejar a revogação da avença. Enquanto tal pronunciamento não acontecer, nessa linha, o acordo deve permanecer hígido.

No entanto, não está aqui a se tratar da culpabilidade nem da responsabilidade penal do agente sobre esse novo fato, mas sim se as condições que levaram o Estado a confiar na celebração do acordo permanecem. Ao rescindir o acordo por suspeitas concretas de reiteração delitiva, não significa que o Estado trate o colaborador como culpado por esse novo fato, mas sim que essa suspeita não se compatibiliza com o espírito de cooperação e boa-fé, que devem preponderar nos acordos de colaboração premiada.

Situação semelhante se verifica na suspensão condicional do processo, na qual o benefício pode ser revogado caso o celebrante venha a ser processado por outro crime.[137] Diante disso, há críticas de que essa previsão poderia violar a presunção de inocência.[138] Em argumento semelhante ao que aqui se sustenta, de que a revogação não implicaria juízo de culpabilidade sobre o outro crime, Busato rechaça qualquer violação à presunção de inocência:

> Ocorre que não há qualquer afirmação quanto a culpa no caso concreto. A vedação não se dá porque se considera culpado o autor do fato, mas sim pela simples circunstância de ter ele contra si processo em andamento ou condenação anterior. O tema não tem relação com afirmação de culpa. A restrição é perfeitamente legal, posto que o benefício concedido resulta proporcional às exigências.[139]

No entanto, não se pode ignorar que o Ministério Público deve se desincumbir minimamente, ao pleitear a rescisão do acordo de colaboração baseada na reiteração delitiva do colaborador, de demonstrar provas de materialidade e indícios de autoria de que o delator continua

---

[137] Art. 89. Nos crimes em que a pena mínima cominada for igual ou inferior a um ano, abrangidas ou não por esta Lei, o Ministério Público, ao oferecer a denúncia, poderá propor a suspensão do processo, por dois a quatro anos, desde que o acusado não esteja sendo processado ou não tenha sido condenado por outro crime, presentes os demais requisitos que autorizariam a suspensão condicional da pena.
§3º A suspensão será revogada se, no curso do prazo, o beneficiário vier a ser processado por outro crime ou não efetuar, sem motivo justificado, a reparação do dano.
[138] GOMES, Luiz Flávio. *Suspensão condicional do processo penal*. 2. ed. São Paulo: RT, 1997. p. 288; GRINOVER, Ada Pellegrini *et al*. *Juizados especiais criminais*. São Paulo: RT, 1995. p. 214.
[139] BUSATO, Paulo César. *Direito penal*: parte geral. 2. ed. São Paulo: Atlas, 2015. p. 978. No mesmo sentido: SANTOS, Juarez Cirino dos. *Direito penal*: parte geral. 3. ed. Curitiba: Rio de Janeiro: ICPC-Lumen Juris, 2008. p. 647. BITTENCOURT, Cezar Roberto. *Tratado de Direito Penal*: parte geral. 13. ed. São Paulo: Saraiva, 2008. v. 1. p. 636-637.

praticando crimes relacionados ao fato que originou a sua investigação e posterior celebração do acordo. Caso contrário, tratar-se-ia de conduta sancionatória abusiva.

Deve-se ressaltar, também, a necessidade de se exigir que o crime praticado pelo colaborador após a celebração do acordo seja tipo penal doloso. Isso porque, como o critério da reiteração delitiva está mais conectado à necessidade de manutenção da boa-fé entre as partes, e não um pré-julgamento do colaborador, somente a caracterização do elemento subjetivo dolo seria capaz de afetar o estado de cooperação que deve haver para o acordo ser mantido e eficaz.[140]

2.4 Apontamentos sobre o procedimento de acordo com o contraditório, a jurisdicionalidade e a presunção de inocência

Até aqui, no presente capítulo, buscou-se discutir como a antiga e a atual regulações das hipóteses de rescisão do acordo de colaboração premiada podem gerar tensionamentos com a garantia constitucional da presunção de inocência, bem como propor, a partir de uma interpretação sistemática, critérios objetivos de delimitação das hipóteses rescisórias.

No entanto, por mais que se tente objetivar as hipóteses de rescisão, tão importante quanto é delimitar como será a sua aferição, ou seja, por qual procedimento se verificará a necessidade ou não da rescisão.

Acerca do tema, a Lei nº 12.850/2013, mesmo com as alterações promovidas pela Lei nº 13.964/2019, continua silente sobre o assunto. Nesse ponto, doutrina e jurisprudência passaram a ocupar o espaço deixado pelo legislador,[141] propondo soluções para delimitar quando haveria a necessidade de procedimento de aferição da rescisão; qual seria a natureza do procedimento (se administrativo ou judicial) e qual a natureza jurídica da decisão final.

---

[140] A exigência de que o novo crime praticado pelo colaborador seja de natureza dolosa já vem sendo adotada em alguns acordos anteriores à Lei nº 13.964/2019: Cláusula 28 no acordo da PET 7003, STF;

[141] Marilia Carvalho chama atenção para o fato de que o preenchimento desse vazio normativo seja ocupado por atores processuais sem legitimidade para tanto, o que levaria à violação do princípio da legalidade: CARVALHO, Marilia Araújo Fontenele de. *Hipóteses resolutivas do acordo premial e sua ausência procedimental*. 73 f. 2019. Dissertação (Mestrado em Direito Constitucional) – Instituto Brasileiro de Ensino, Desenvolvimento e Pesquisa, Brasília, 2019. p. 57-58.

Diante dos vazios normativos a respeito do tema, uma das preocupações deste trabalho consiste em apontar os tensionamentos gerados com as garantias constitucionais, em especial do contraditório e da inafastabilidade da tutela jurisdicional, assim como da própria presunção de inocência, de modo a propor soluções de interpretação de tais garantias para sugestão de aplicação do procedimento e, até mesmo, ao final, apresentar uma proposta de *lege ferenda* sobre o tema.

Uma das balizas que se têm utilizado diante da lacuna normativa sobre o procedimento da rescisão do acordo de colaboração premiada é a Orientação Conjunta nº 1/2018 do MPF, cujo item 37 apresenta a seguinte disposição:[142]

> O descumprimento do acordo e a causa da sua rescisão deverão ser levados ao juízo, observado o contraditório e preservada a validade de todas as provas produzidas até a rescisão, mediante as seguintes alternativas: a) instauração de procedimento administrativo, quando necessário coletar novas evidências sobre as causas de rescisão, que será levado ao juízo em seguida; b) provocação direta do juízo, quando a causa de rescisão for constatada sem a necessidade de novos dados ou evidências.

A necessidade de se defender um procedimento rescisório específico passa pela noção de procedimento como sendo um direito fundamental,[143] assim como limitador e legitimador da ação estatal.[144] Ele se relaciona e até mesmo assegura o efetivo contraditório. Ao interpretar o conceito de procedimento apresentado por Fazzalari,[145] Valdez Pereira afirma que:

> [...] o autor passa a expor sua ideia de que, estando o procedimento regulado de forma que dele participem também aqueles interessados cuja esfera jurídica o ato final se destina a produzir efeitos, e se tal participação é concebida de tal modo que as partes interessadas no ato final estão em plano simétrico, de paridade, então o procedimento compreende o "contraditório", apresentando-se mais articulado e

---

[142] Ver: http://www.mpf.mp.br/atuacao-tematica/ccr5/orientacoes/orientacao-conjunta-no-1-2018.pdf. Acesso em: 24 out. 2021.
[143] PEREIRA, Frederico Valdez. *Delação premiada*: legitimidade e procedimento. 4. ed. Curitiba: Juruá, 2019. p. 134.
[144] FERNANDES, Antonio Scarance. *Teoria geral do procedimento e o procedimento no processo penal*. São Paulo: Revista dos Tribunais, 2005. p. 37.
[145] FAZZALARI, Elio. *Istituzioni di diritto processuale*. 8. ed. Padova: Cedam, 1996. p. 61.

complexo, e, neste caso, extrai-se do gênero "procedimento" a espécie "processo". Tem-se então o procedimento como uma entidade jurídica de formação sucessiva, cuja nota de distinção é a coordenação dos seus atos, figurando cada ato como consequencial do anterior e condicionante do seguinte, preestabelecidos legalmente e destinados ao mesmo fim.[146]

Portanto, deve-se ressaltar a importância de que o procedimento não seja um rito de passagem para a rescisão e que esta somente seja tomada a partir de um amplo confronto entre as provas manejadas pelas duas partes. É assegurar que o contraditório seja notadamente influente, ou seja, mais do que a capacidade de confronto, é a aptidão de que cada parte possa influenciar na decisão final.

Nesse ponto, torna-se imprescindível que o procedimento rescisório seja conduzido pelo Poder Judiciário. Por mais que o Ministério Público possa instaurar procedimento administrativo prévio para aferição da rescisão, não pode este ter o condão de vincular o Poder Judiciário ou, até mesmo, limitá-lo a um mero juízo homologatório da rescisão.

Diante da complexidade envolvendo as hipóteses de rescisão e por considerar que o conceito de omissão dolosa é carregado de subjetividades, inclusive com riscos de um juízo ético e não normativo sobre a causa rescisória,[147] questiona-se o peso do procedimento administrativo prévio conduzido pelo Ministério Público, haja vista o risco do conflito de interesses – por ser parte do acordo que tem a sua eficácia questionada com a possibilidade de rescisão –, o que levaria a um "*looping* de responsabilidade".[148]

Assim, mesmo diante de inexistência de atual previsão legislativa, a inafastabilidade da tutela jurisdicional, disposta no comando expresso no art. 5º, XXXV, garante "que a lei não excluirá da apreciação do Poder Judiciário lesão ou ameaça a direito." Logo, "qualquer disposição legal que impeça o juiz de verificar da razoabilidade e da conveniência de adoção de restrições à liberdade é inconstitucional".[149]

---

[146] PEREIRA, Frederico Valdez. *Delação premiada*: legitimidade e procedimento. 4. ed. Curitiba: Juruá, 2019. p. 134.

[147] CALLEGARI, André Luís; LINHARES, Raul Marques. *Colaboração premiada*: lições práticas e teóricas – de acordo com a jurisprudência do Supremo Tribunal Federal. 2. ed. rev. e ampl. Porto Alegre: Livraria do Advogado, 2020. p. 164.

[148] CARVALHO, Marilia Araújo Fontenele de. *Hipóteses resolutivas do acordo premial e sua ausência procedimental*. 73 f. 2019. Dissertação (Mestrado em Direito Constitucional) – Instituto Brasileiro de Ensino, Desenvolvimento e Pesquisa, Brasília, 2019. p. 59.

[149] CARVALHO, Luís Gustavo Grandinetti Castanho de. *Processo Penal e Constituição*. Princípios Constitucionais do Processo Penal. 6. ed. São Paulo: 2014, Saraiva. p. 139.

Dada a importância da inafastabilidade da tutela jurisdicional ao Estado Democrático de Direito, Luís Gustavo Grandinetti Castanho de Carvalho ressalta que o primeiro sinal de tendência autoritária é a supressão de acesso ao Poder Judiciário.[150]

Dessa forma, se a lei não pode excluir a efetiva tutela jurisdicional, a ausência de norma infraconstitucional também não pode impedir que o colaborador tenha o seu acordo desconstituído ou ameaçado sem que o Judiciário assegure os seus direitos e faça um juízo imparcial, calcado nas provas produzidas em contraditório, haja vista que, por força do art. 5º, §1º, da Constituição, trata-se de uma norma com aplicação imediata.

Tratando-se de processo penal, a garantia da reserva de jurisdição ganha sobrelevada importância.[151] No caso, defende-se que seja interpretada para assegurar a necessidade de que o procedimento rescisório seja jurisdicional.

Na prática, é possível verificar uma cautela na aferição da necessidade de rescisão ou não, como ocorreu no caso mais emblemático de discussão sobre a revogação do acordo, que foi aquela travada no acordo de colaboração premiada firmado pelos executivos da JBS.[152]

Nesse caso específico, como o benefício pactuado foi o da não imputação penal, ou seja, houve a mitigação do princípio da obrigatoriedade,[153] tendo os colaboradores resistido ao pleito rescisó-

---

[150] CARVALHO, Luís Gustavo Grandinetti Castanho de. *Processo Penal e Constituição*. Princípios Constitucionais do Processo Penal. 6. ed. São Paulo: 2014, Saraiva. p. 138.

[151] Sobre a importância da atuação jurisdicional na aplicação do instituto da colaboração premiada, Valdez Pereira argumenta: "A estrutura legal do processo penal, definindo procedimentos e vinculando formalmente a realização dos meios de prova, permite o desenvolvimento racional do processo, e o controle da efetiva observância dessas formalidades legais, à vista disso, o disciplinamento dos passos a serem seguidos na colaboração processual, embora identificadas imperfeições, amplifica sobremaneira a fiscalização formal e, por conseguinte, a proteção dos acusados" (PEREIRA, Frederico Valdez. *Delação premiada*: legitimidade e procedimento. 4. ed. Curitiba: Juruá, 2019. p. 136).

[152] No acordo firmado entre o MPF e Joesley Batista (PET 7003, STF) pactuou-se na cláusula terceira, §3º, que a rescisão deve ser homologada pelo mesmo juízo que homologou o acordo. Também sobre procedimento rescisório, cumpre verificar a cláusula 19, §2º, do acordo de colaboração firmado entre o MPF e Alberto Youssef: "A rescisão do acordo será decidida pelo juízo competente, mediante a prévia distribuição de procedimento próprio, notificação das partes e audiência de justificação".

[153] CALLEGARI, André Luís; LINHARES, Raul Marques. *Colaboração premiada*: lições práticas e teóricas – de acordo com a jurisprudência do Supremo Tribunal Federal. 2. ed. rev. e ampl. Porto Alegre: Livraria do Advogado, 2020. p. 164.

rio formulado pelo Ministério Público,[154] determinou-se a instauração de procedimento rescisório judicial que assegurasse o contraditório e a produção probatória pelas partes.[155] Segundo Vinicius Vasconcellos, "após o requerimento do MP, tais atos correrão em autos próprios, findando em manifestação judicial que rejeitará ou determinará a rescisão do acordo".[156]

Também há discussão se, em todos os casos em que estiver sob questionamento a concessão dos benefícios, haverá a necessidade de procedimento, sendo que tal juízo poderia ser feito no momento da sentença pelo magistrado nos termos do §11 do art. 4º da Lei nº 12.850/2013.[157] Ao interpretarem o acórdão prolatado na QO 7074, julgado pelo Plenário do STF, André Callegari e Raul Linhares diferenciam as situações da rescisão de acordo em que tenha havido a concessão de benefícios que refletem na pena e aqueles cujo prêmio constitui a não imputação penal, o que acaba refletindo na necessidade de procedimento específico:

> Tal conclusão infere-se da leitura dos votos dos Ministros da Suprema Corte, porque, como já explicitado por todos, o acordo firmado, em princípio, vincularia o magistrado e/ou relator do processo, salvo nos casos de vício na origem do pacto firmado entre as partes. Assim, caso surja alguma dúvida em relação ao que o colaborador disse, não se pode de plano rescindir o acordo, porque, ao final, o magistrado modularia as sanções premiais de acordo com o que foi entregue pelo colaborador. Isso parece uma consequência natural da aplicação das sanções premiais de acordo com o interesse público revelado e o material entregue pelo colaborador.

---

[154] CALLEGARI, André Luís; LINHARES, Raul Marques. *Colaboração premiada*: lições práticas e teóricas – de acordo com a jurisprudência do Supremo Tribunal Federal. 2. ed. rev. e ampl. Porto Alegre: Livraria do Advogado, 2020. p. 167.

[155] Cumpre reproduzir trechos do voto do Rel. Min. Edson Fachin: "Pretensão resistida trazida a Juízo configura litígio, conforme as clássicas lições de Carnelutti. Litígios, para serem compostos, demandam a observância, nos termos do art. 5º, incisos LIV e LV, da Constituição Federal, do devido processo legal assegurando-se ampla defesa e contraditório. [...] Dito isso, é de se determinar o prosseguimento do feito com a determinação às partes para que, no prazo comum de 5 (cinco) dias, especifiquem as provas que pretendem produzir, indicando, no caso das testemunhas, qualificação e endereços atualizados. Isso levado a efeito e concluída a instrução, após razões finais das partes, indicarei à pauta para julgamento pelo Tribunal Pleno". SUPREMO TRIBUNAL FEDERAL. *Petição 7003*. Relator Min. Edson Fachin, julgado em 27/06/2018.

[156] VASCONCELLOS, Vinicius Gomes. *Colaboração premiada no processo penal*. 4. ed. São Paulo: Revista dos Tribunais, 2021. p. 361.

[157] §11. A sentença apreciará os termos do acordo homologado e sua eficácia.

O único caso que não permite a adequação dos prêmios no final do processo (sentença/acórdão), caso ocorra a omissão, é o da imunidade processual (não denúncia), porque nesse procedimento não haveria como fazer a modulação das sanções em face do que foi entregue e produzido pelo colaborador.[158]

Assim, até mesmo por falta de precedentes específicos, o comando do §11 do art. 4º da Lei nº 12.850/2013 é utilizado para se interpretar que o juiz, no momento da sentença da ação penal, analisará se o colaborador cumpriu com as suas obrigações, visando analisar a concessão da sanção premial acordada.[159] Assim, sob esse argumento, não haveria a necessidade de um procedimento específico para verificar a omissão dolosa, sendo que esta poderia ser constatada pela própria instrução da ação penal.

Na própria QO 7074, que foi julgada pelo Pleno do STF, reconheceu-se que a concessão dos benefícios pactuados constitui um direito subjetivo do colaborador caso ele cumpra com suas obrigações.[160] Deve-se analisar "a correspondência da colaboração com a realidade probatória dos autos".[161]

No entanto, para reflexão sobre a necessidade de procedimento de aferição da rescisão, deve-se meditar se o benefício acordado é o melhor critério para definir se será necessário ou não. Isso posto que o trabalho de verificação da ocorrência de causa rescisória vai além da mera classificação do benefício concedido. Sobre a complexidade das situações que podem ensejar a rescisão, o que demanda um escrutínio zeloso calcado no contraditório, Valdez Pereira afirma:

---

[158] CALLEGARI, André Luís; LINHARES, Raul Marques. *Colaboração premiada*: lições práticas e teóricas – de acordo com a jurisprudência do Supremo Tribunal Federal. 2. ed. rev. e ampl. Porto Alegre: Livraria do Advogado, 2020. p. 164.

[159] CAPEZ, Rodrigo. A sindicabilidade do acordo de colaboração premiada. *In*: BOTTINI, Pierpaolo Cruz; MOURA, Maria Thereza de Assis (Org.). *Colaboração Premiada*. São Paulo: Revista dos Tribunais, 2017. p. 204.

[160] Nesse ponto, a respeito da higidez dos benefícios caso haja o adimplemento das obrigações, na QO 7074, o Min. Barroso assim se posicionou: "a partir do momento em que o Estado homologue a colaboração premiada, atestando a sua validade, ela só poderá ser infirmada, só poderá ser descumprida se o colaborador não honrar aquilo que se obrigou a fazer. Porque, do contrário, nós desmoralizaríamos o instituto da colaboração premiada e daríamos chancela para que o Estado pudesse se comportar de uma forma desleal, beneficiando-se das informações e não cumprindo a sua parte no ajustado".

[161] Trecho do voto do Min. Luiz Fux na QO 7074.

Situação diversa é do colaborador que descumprir alguns dos termos do acordo de colaboração premiada, o que ocorre, por exemplo, quando se verifique que o colaborador omitiu dados ou informações relevantes sobre o contexto fático em apuração ou sobre os sujeitos envolvidos na prática delitiva. Nesse caso cabe verificar a expressividade do descumprimento para fins de se estabelecer se é o caso de rescisão do negócio jurídico, ou de possibilitar a complementação das informações e a consequente reestruturação dos termos do acordo. Para tal verificação, é adequado que se proceda à instauração de procedimento com vista a apurar a postura do cooperante e assegurar o contraditório.[162]

Além do mais, a utilização da natureza do benefício como critério sobre a necessidade de procedimento não nos parece a melhor escolha, pois não se pode perder de vista que o colaborador não deixa de ser um acusado, devendo zelar pelas suas garantias constitucionais.

Nesse ponto, caso o benefício estipulado tenha sido o da redução de pena e é constatado no curso da instrução processual que houve omissão relevante passível de rescisão, admitir que essa decisão seja tomada na sentença sem a instauração de procedimento específico impede que o colaborador decida se irá continuar produzindo provas contra si mesmo e os demais corréus, ou que possa se defender das acusações da denúncia após a rescisão do seu acordo.[163]

Dessa forma, fica demonstrado que não é somente o colaborador que recebeu o benefício da não imputação penal o único que necessita de um procedimento prévio da rescisão para que possa exercer a sua ampla defesa na ação penal pela qual responde, seja na situação de colaborador que teve o seu acordo mantido, seja como "ex-colaborador".

Essa necessidade de um procedimento específico ganha força também na medida em que o Estado Juiz deve ter o mesmo cuidado,

---

[162] PEREIRA, Frederico Valdez. *Delação premiada*: legitimidade e procedimento. 4. ed. Curitiba: Juruá, 2019. p. 177.

[163] Dentro desse contexto do colaborador enquanto sujeito de proteção das mesmas garantias constitucionais, Vinicius Vasconcellos salienta que "a vinculação do juiz ao acordo homologado anteriormente não impõe condenação necessária ao colaborador ou aos corréus delatados, até porque há necessidade de corroboração por outras provas (art. 4º, §16). Desse modo, se não houver a produção de outros elementos probatórios que confirmem aquilo apontado pelo delator, determina-se a sua absolvição". O autor também cita trecho do Manual ENCCLA que reproduz o mesmo pensamento: "colaborador pode, como em qualquer outra demanda criminal, ser absolvido (CPP, artigo 386), ter a pena reduzida em quantum inferior àquele constante no acordo, seja esse pré-processual ou não". VASCONCELLOS, Vinicius Gomes. *Colaboração premiada no processo penal*. 4. ed. São Paulo: Revista dos Tribunais, 2021. p. 126.

na aferição da culpabilidade, com réus delatores, "ex-delatores" e acusados que optaram por confrontar a narrativa acusatória. Dessa forma, a necessidade de um procedimento específico, por afastar que a rescisão seja considerada na sentença com a não concessão dos benefícios pactuados, também evita que haja influência da rescisão no juízo de culpabilidade do acusado que teve o seu acordo revogado.

Ademais, como já tratado ao final do tópico 2.1 deste trabalho, não se pode confundir a análise do grau de eficiência da colaboração – o que leva o juiz a avaliar se vai conceder os benefícios acordados ou mais favoráveis do que eles – com a rescisão do acordo causada pelo descumprimento. Valoração de eficácia é diferente de inadimplemento, o que leva a ter consequências distintas.

Ainda que se discorde do posicionamento que entende ser desnecessário o estabelecimento de procedimento específico para rescisão de acordos cujo benefício não tenha sido o da não imputação penal, deve-se mitigar a ausência de procedimento pela garantia do contraditório na aferição da rescisão. Uma sugestão é que, ao verificar possível causa de omissão dolosa, o Ministério Público – antes de se proceder ao pedido rescisório em alegações finais – requeira a realização de diligências complementares, nos termos dos artigos 402[164] do CPP, ou até mesmo por determinação de ofício do magistrado, calcada no artigo 404[165] do diploma processual penal.

Assim, ainda que não se estabeleça procedimento específico, busca-se conferir capacidade probatória e de influência das partes no processo decisório previsto no §11 do art. 4º da Lei nº 12.850/2013.

Nada impede, por óbvio, que se discuta uma proposta de mudança legislativa que assegure a necessidade de procedimento e delimite as suas regras sobre qualquer pleito rescisório e que independa da natureza do benefício acordado, de modo a salvaguardar a aplicação do princípio do contraditório.

A necessidade de rescisão deriva da gravidade do inadimplemento. Se não se constatou o cumprimento integral de cláusulas acessórias, por exemplo, não se trata de descumprimento apto a ensejar a rescisão do acordo, mas sim de mera valoração da eficácia da colaboração,

---

[164] Art. 402. Produzidas as provas, ao final da audiência, o Ministério Público, o querelante e o assistente e, a seguir, o acusado poderão requerer diligências cuja necessidade se origine de circunstâncias ou fatos apurados na instrução.

[165] Art. 404. Ordenado diligência considerada imprescindível, de ofício ou a requerimento da parte, a audiência será concluída sem as alegações finais.

o que pode ser feito na sentença, não necessitando de procedimento específico.

Além disso, a necessidade de se assegurar o contraditório efetivo na verificação da causa rescisória também reside pela própria incidência da presunção de inocência enquanto regra probatória. Isso porque, como já afirmado, no caso da rescisão, a condição de "acusado" de descumprimento ganha realce e o colaborador passa a ter a seu favor a garantia de que a pretensão rescisória só será acolhida se houver provas suficientes além de qualquer dúvida razoável.[166]

Como exemplo demonstrativo da aplicação da regra probatória da presunção de inocência no juízo rescisório, Marilia de Carvalho afirma que, diante da ausência de normas específicas sobre a revogação do acordo de colaboração premiada, "para desconstituir-se o *status* de colaborador, há de ser fartamente comprovado um inadimplemento objetivo das obrigações do acordo negocial".[167]

Outro exemplo da relação do procedimento rescisório com a presunção de inocência se manifesta com a sua regra de tratamento, uma vez que, enquanto não houver pronunciamento judicial pela rescisão do acordo, este permanece hígido. Ou seja, o colaborador não pode ser tratado como "descumpridor" do acordo antes de uma decisão judicial tomada a partir do contraditório. Defende-se, portanto, que, ainda que o Ministério Público tenha pleiteado a rescisão, deve o *Parquet* defender o acordo de colaboração premiada no âmbito das ações penais relacionadas à avença enquanto não houver uma decisão judicial rescisória.[168]

---

[166] Sobre a presunção de inocência e seu *standard* probatório para além de qualquer dúvida razoável, Valdez Pereira afirma: "Para os limites deste estudo, levando-se em consideração a manifestação da presunção de inocência como regra probatória, importa inserir a reflexão pela vertente da disciplina da prova no processo penal, mais precisamente pela consideração de que não é suficiente qualquer prova a abalar o *status* de inocência, senão de que o conjunto probatório, além de respeitar as garantias constitucionais e legais, deve desenvolver-se durante a instrução judicial a partir de atos probatórios de incriminação aptos a demonstrar a culpabilidade do acusado. A prova da culpabilidade, para fins de formação de um juízo condenatório, deve ser segura e induvidosa, a culpa do acusado deve ficar demonstrada acima de desconfiança justa, mediante a inserção de atividade eficaz sob o perfil substancial. Há verdadeira imposição de absolvição quando a responsabilidade penal do imputado não tenha sido verificada com certeza, fora de dúvida razoável" (PEREIRA, Frederico Valdez. *Delação premiada*: legitimidade e procedimento. 4. ed. Curitiba: Juruá, 2019. p. 216-217).

[167] CARVALHO, Marilia Araújo Fontenele de. *Hipóteses resolutivas do acordo premial e sua ausência procedimental*. 73 f. 2021. Dissertação (Mestrado em Direito Constitucional) – Instituto Brasileiro de Ensino, Desenvolvimento e Pesquisa, Brasília, 2021. p. 45.

[168] Em igual sentido: CALLEGARI, André Luís; LINHARES, Raul Marques. *Colaboração premiada*: lições práticas e teóricas – de acordo com a jurisprudência do Supremo Tribunal Federal. 2. ed. rev. e ampl. Porto Alegre: Livraria do Advogado, 2020. p. 116.

No entanto, Vinicius Vasconcellos alerta que "tal visão, contudo, parece de difícil aplicabilidade e, em certa medida, desnecessária, visto que, ainda que o MP se manifeste em sentido contrário ao acordo, o Judiciário deve seguir cumprindo os termos homologados, até a decisão que rescindir efetivamente o negócio".[169] Ainda que entenda ser desnecessário o debate sobre a atuação do MP após pleitear a rescisão do acordo, o posicionamento do autor não deixa de estar alinhado ao aqui exposto, no sentido de cumprir todos os termos da avença até que haja uma decisão rescisória em sentido contrário, o que não deixa de ser uma aplicação da presunção de inocência.

A importância de se defender a necessidade de um procedimento rescisório também consiste em se evitar que uma eventual absolvição dos delatados possa significar uma rescisão "automática" do acordo de colaboração premiada. Isso uma vez que, caso a rescisão seja unicamente verificada no momento da sentença da ação penal, corre-se o risco de a não desincumbência do ônus probatório da ação penal pela acusação ter como responsável o colaborador.

Sobre isso, Valdez Pereira chama a atenção de que "não se pode pretender condicionar o reconhecimento dos benefícios da colaboração processual ao resultado efetivo de condenação de coautores ou partícipes, ou apreensão do produto do crime",[170] uma vez que "tanto a polícia como o Ministério Público no procedimento preliminar, como o magistrado de primeiro grau, não têm como afirmar a condenação judicial futura de coautores e partícipes".[171]

Da mesma forma, Pierpaolo Bottini pontua que, se o colaborador forneceu todas as informações com que se comprometeu e o Estado anuiu com elas, não pode ele ser penalizado com o pronunciamento rescisório em virtude do insucesso investigatório.[172]

---

[169] VASCONCELLOS, Vinicius Gomes. *Colaboração premiada no processo penal*. 4. ed. São Paulo: Revista dos Tribunais, 2021. p. 362.

[170] PEREIRA, Frederico Valdez. *Delação premiada*: legitimidade e procedimento. 4. ed. Curitiba: Juruá, 2019. p. 173.

[171] PEREIRA, Frederico Valdez. *Delação premiada*: legitimidade e procedimento. 4. ed. Curitiba: Juruá, 2019. p. 173.

[172] Para corroborar o seu posicionamento, o autor cita trecho de voto do Min. Celso de Mello na QO 7074: "[...] há situações em que o agente colaborador procede ao adimplemento integral de suas obrigações, age, não é, de maneira muito clara, procede ativamente, colabora com os órgãos incumbidos da persecução penal e muitas vezes, por falha do aparelho do Estado, por falha da polícia judiciária, por falha do Ministério Público, os resultados pretendidos não são atingidos" (BOTTINI, Pierpaolo Cruz. A homologação e a sentença na colaboração

Além disso, a necessidade de se adotar um procedimento rescisório específico ganha destaque, pois nem sempre o magistrado terá a possibilidade de avaliar a concessão dos benefícios no momento da sentença da ação penal e, consequentemente, se o colaborador cumpriu com todas as obrigações acordadas. Um exemplo de tal situação é quando o acordo é celebrado posteriormente à sentença.[173] Defende-se, até mesmo, que o acordo de colaboração premiada pode ser celebrado no curso da execução penal.[174] Logo, caso haja suspeita de descumprimento, revela-se a necessidade de um procedimento específico para aferir se o colaborador incorreu em causa rescisória ou não.

Evidentemente, a lei hoje não nos fornece respostas claras sobre como seria o rito procedimental, quais são as suas fases e os recursos cabíveis.[175] Diante do vazio deixado pela lei, Vinicius Vasconcellos alerta sobre a tentativa de os acordos tentarem delimitar eventual procedimento rescisório:

> Contudo, deve ser problematizada a criação de regras procedimentais em instrumento negocial, em violação à legalidade que deve orientar o processo penal. Ademais, questiona-se qual o recurso seria cabível em tal hipótese: recurso em sentido estrito por interpretação extensiva

---

premiada na ótica do STF. *In*: BOTTINI, Pierpaolo Cruz; MOURA, Maria Thereza de Assis (Org.). *Colaboração Premiada*. São Paulo: Revista dos Tribunais, 2017. p. 198).

[173] Art. 4º, §5º Se a colaboração for posterior à sentença, a pena poderá ser reduzida até a metade ou será admitida a progressão de regime ainda que ausentes os requisitos objetivos.

[174] Nesse sentido, Vinicius Vasconcellos ressalta que a colaboração premiada firmada durante a execução penal afasta o risco de condenações baseadas somente na confissão do acusado (VASCONCELLOS, Vinicius Gomes. *Colaboração premiada no processo penal*. 4. ed. São Paulo: Revista dos Tribunais, 2021. p. 303). Também favoráveis à celebração do acordo na fase de execução: FREIRE JR., Américo Bedê. Qual o meio processual para requerer a delação premiada após o trânsito em julgado da sentença penal condenatória? *Revista Síntese de Direito Penal e Processual Penal*, ano VI, n. 36, p. 236, fev./mar. 2006.; HERSCHANDER, Paulo P.; HERSCHANDER, Herman. A colaboração premiada após a sentença penal condenatória. *In*: GOMES; SILVA; MANDARINO (Org.). *Colaboração premiada*. Belo Horizonte: D'Plácido, 2018. p. 344; BITTAR, Walter B.; ROEHRIG, Mariel M. Há limites para a delação premiada na fase da execução penal? *In*: GOMES; SILVA; MANDARINO (Org.). *Colaboração premiada*. Belo Horizonte: D'Plácido, 2018. p. 590; MENDONÇA, Andrey Borges. A colaboração premiada e a nova Lei do Crime Organizado (Lei n. 12.850/2013). *Revista Custos Legis*, v. 4, p. 1-38, 2013. p. 33. Em sentido contrário: DIPP, Gilson. *A "delação" ou colaboração premiada*: uma análise do instituto pela interpretação da lei. Brasília: IDP, 2015. p. 19; BITTENCOURT, Cezar Roberto; BUSATO, Paulo César. *Comentários à Lei de Organização Criminosa*. Lei n. 12.850/2013. São Paulo: Saraiva, 2014. p. 129-130.

[175] André Callegari e Raul Linhares afirmam que a competência rescisória é do colegiado, ainda que o acordo de colaboração premiada tenha sido homologado pelo relator (CALLEGARI, André Luís; LINHARES, Raul Marques. *Colaboração premiada*: lições práticas e teóricas – de acordo com a jurisprudência do Supremo Tribunal Federal. 2. ed. rev. e ampl. Porto Alegre: Livraria do Advogado, 2020. p. 171).

de algum dos incisos do art. 581 do CPP? Ou correição parcial, como proposto por parte da doutrina em relação às outras decisões envolvendo a colaboração premiada?[176]

No entanto, os princípios do contraditório, da inafastabilidade da tutela jurisdicional e o da presunção de inocência, como já sustentado, possuem aplicação imediata, e defende-se aqui que sejam interpretados para reforçar a necessidade de um procedimento rescisório específico, independentemente da natureza do benefício concedido.

Ou ainda que, ao menos, caso o acordo tenha sido celebrado antes da sentença e que os benefícios concedidos reflitam somente na pena, antes de avaliar a concessão deles na sentença, o magistrado oportunize às partes ampla produção probatória em sede de diligências complementares, a fim de que se resguarde o contraditório na tomada de decisão e que se assegure a devida tutela jurisdicional para garantir a presunção de inocência ao colaborador que é "acusado" de descumprir o acordo que celebrou.

Por conclusão, como o juízo rescisório vai além da mera análise de legalidade da vontade das partes, principalmente da legalidade do posicionamento do Ministério Público pela rescisão, e a decisão judicial deve ser precedida de ampla produção probatória, o pronunciamento jurisdicional não deve possuir mero caráter homologatório,[177] mas sim (des)constitutivo, uma vez que tem o condão de revogar ou manter um acordo celebrado e já homologado.

2.5 Rescisão e repactuação: entre o descumprimento e o cumprimento parcial do acordo de colaboração premiada

Outro ponto ainda controvertido sobre a rescisão do acordo de colaboração premiada diz respeito à situação em que o colaborador descumpre algumas de suas obrigações, mas, ao mesmo tempo, verifica-se o

---

[176] VASCONCELLOS, Vinicius Gomes. *Colaboração premiada no processo penal*. 4. ed. São Paulo: Revista dos Tribunais, 2021. p. 362.

[177] A título de explicação e conceituação, pertinentes são as palavras de Cândido Rangel Dinamarco sobre juízo homologatório: "Se o ato estiver formalmente perfeito e a vontade das partes manifestada de forma regular, é dever do juiz resignar-se e homologar o ato de disposição do direito, ainda quando contrário à sua opinião" (DINAMARCO, Cândido Rangel. Instituições de direito processual civil. 6. ed. São Paulo: Malheiros Editores, 2009. V. III. p. 272-274, item n. 936).

cumprimento de boa parte delas. A questão adquire relevância e necessidade, pois a lei não traz respostas claras para estabelecer parâmetros de aferição se seria o caso de rescisão do acordo, com a consequente não concessão de benefício algum, ou se a saída seria estabelecer um *recall*, ou seja, a revisão do acordo.

Assim como na aferição das hipóteses rescisórias, o ponto aqui tratado também conflita com o estabelecimento de cláusulas obrigacionais e rescisórias manifestamente genéricas, uma vez que obriga o colaborador a revelar todos os fatos ilícitos que possui conhecimento e, do mesmo modo, o penaliza com a rescisão caso não cumpra com essa obrigação significativamente ampla.[178]

Em relação a isso, o MPF, por meio do item 38 da Orientação Conjunta nº 1/2018, recomenda que se adote a revisão como uma tentativa de se evitar a rescisão e, assim, afastar a lógica do "tudo ou nada":[179]

> 38. É recomendável a inserção de cláusula com previsão de sanções ao colaborador que omitir informações pontuais, quanto a um elemento probatório ou a agentes diversos, circunstância que pode não ensejar, por si só, a rescisão do acordo, caso fornecida a devida complementação e esclarecimentos, independentemente de penalidades pela omissão.[180]

Embora se trate de uma recomendação, a orientação supracitada nos revela um ponto importante: constatada a eventual omissão, deve-se assegurar ao colaborador a oportunidade de complementar ou esclarecer as informações. Ou seja, celebrado o acordo, as partes, em boa-fé, devem agir em cooperação para que ele seja cumprido. E essa postura também denota a necessidade de se interpretar o princípio do contraditório para evitar a adoção da rescisão do acordo de colaboração premiada.

Havendo a suspeita de que o colaborador omitiu fatos ou informações que eram obrigações previstas no seu acordo e sendo ele ouvido sobre isso, a doutrina sustenta ser necessário dimensionar a relevância da omissão, para aferir se será o caso de rescisão ou revisão do acordo. Nesse sentido, Nefi Cordeiro defende que, "saindo-se do prisma civilista,

---

[178] VASCONCELLOS, Vinicius Gomes. *Colaboração premiada no processo penal*. 4. ed. São Paulo: Revista dos Tribunais, 2021. p. 363.
[179] VASCONCELLOS, Vinicius Gomes. *Colaboração premiada no processo penal*. 4. ed. São Paulo: Revista dos Tribunais, 2021. p. 363.
[180] Ver: http://www.mpf.mp.br/atuacao-tematica/ccr5/orientacoes/orientacao-conjunta-no-1-2018.pdf. Acesso em: 24 out. 2021.

também pelos princípios do processo penal deve se dar o beneficiamento proporcional do colaborador inadimplente".[181]

Na mesma linha, para definir o que deve ser considerado como cumprimento do acordo, Alexandre Morais da Rosa argumenta que, "se os aspectos principais foram corroborados, eventual ineficiência que não atinja o núcleo e a boa-fé do negócio, deve implicar cumprimento".[182]

Nesse contexto, caso determinados trechos, ou fatos constantes de anexos específicos, sejam omissos ou incompletos, Callegari e Linhares, visando à manutenção do acordo e à preservação dos benefícios, defendem que haja a retirada parcial dos anexos para que sejam apurados em procedimento penal próprio.[183]

De modo similar, Valdez Pereira defende que a análise do grau de importância do descumprimento deve ser feita em procedimento próprio, lastreado pelo contraditório, para verificar se será o caso de rescisão ou complementação do acordo.[184]

Dessa forma, pela lógica da eficácia da colaboração, aquilo que o colaborador cumpriu não pode ser desconsiderado na análise da valoração do seu descumprimento. Callegari e Linhares sustentam, por exemplo, que a omissão parcial, por si só, não pode ensejar a rescisão, o que acarretaria, no máximo, uma aplicação de prestação pecuniária ou modulação dos benefícios.[185]

Sem dúvidas, o caso dos executivos da JBS constitui um importante exemplo de repactuação. Ainda que tenha havido procedimento administrativo prévio para se verificar a necessidade de rescisão e tenha a PGR pleiteado a revogação da avença – o que levou à instauração de procedimento judicial instrutório – no curso deste, acordou-se pela repactuação. Inclusive, o próprio acordo entre os executivos da empresa

---

[181] CORDEIRO, Nefi. *Colaboração premiada*: caracteres, limites e controles. Rio de Janeiro: Forense, 2019. p. 56.

[182] ROSA, Alexandre Morais da. *Para entender a delação premiada pela teoria dos jogos*: táticas e estratégias do negócio jurídico. Florianópolis: EModara, 2018. p. 333.

[183] CALLEGARI, André Luís; LINHARES, Raul Marques. *Colaboração premiada*: lições práticas e teóricas – de acordo com a jurisprudência do Supremo Tribunal Federal. 2. ed. rev. e ampl. Porto Alegre: Livraria do Advogado, 2020. p. 169.

[184] PEREIRA, Frederico Valdez. *Delação premiada*: legitimidade e procedimento. 4. ed. Curitiba: Juruá, 2019. p. 177.

[185] CALLEGARI, André Luís; LINHARES, Raul Marques. *Colaboração premiada*: lições práticas e teóricas – de acordo com a jurisprudência do Supremo Tribunal Federal. 2. ed. rev. e ampl. Porto Alegre: Livraria do Advogado, 2020. p. 168.

e o MPF já previa a possibilidade de *recall*.[186] No caso específico, as notícias jornalísticas são de que, para impedir a rescisão, houve a elevação da prestação pecuniária a ser paga, além de inserção da obrigação de os particulares celebrantes se submeterem a prisão domiciliar.[187]

Ao sopesarem a importância da repactuação como uma alternativa para a rescisão, Renata Machado e Luiza Martins chamam atenção para o fato de que a repactuação consistente em elevação da prestação pecuniária acabe por desvirtuar a natureza jurídica do instituto enquanto meio de obtenção de prova e passar a configurar como instrumento de arrecadação do Estado:

> Muito embora seja, de fato, uma oportunidade para que o colaborador mantenha o seu acordo hígido e, por consequência, os benefícios dele derivados, resta evidente que as propostas de repactuação têm como principal escopo o aumento dos valores acordados, o que no nosso sentir deve ser visto com olhos bem atentos, para que os acordos não sejam instrumentalizados como mero meio de arrecadação para o Estado, deixando de lado o seu caráter intrínseco de instrumento de justiça negociada penal, de meio de obtenção de provas relevantes à persecução de crimes e, claro, de mais uma ferramenta disponível ao exercício do direito de defesa.[188]

Sem desconsiderar a pertinente crítica acima exposta, é necessário estabelecer critérios objetivos para diferenciar os casos que ensejarão repactuação ou rescisão. E essa tarefa cabe ao legislador. Diante da ausência de regramento específico, Marilia Carvalho aponta para o risco de os acordos, ou o próprio Poder Judiciário, apresentarem soluções distintas para situações idênticas, o que acaba por violar o princípio da igualdade, o que levaria, segundo a autora, a uma situação de justiça particular por parte do Estado.[189]

---

[186] Cláusula terceira, §3º (PET 7003): "identificado fato ilícito praticado pelo colaborador que não tenha sido descrito nos anexos que integram este acordo, inclusive após o transcurso do prazo fixado no parágrafo anterior, o Procurador-Geral da República poderá repactuar a presente avença ou rescindi-la, submetendo, em qualquer caso, ao juízo homologatório".

[187] Ver: https://www.conjur.com.br/2020-dez-30/fachin-homologa-acordo-bi-prisao-domiciliar-irmaos-batista. Acesso em: 7 nov. 2021.

[188] SARAIVA, Renata Machado; MARTINS, Luiza Farias. Retratação e rescisão dos acordos de colaboração premiada: apontamentos e preocupações. *In*: CAVALCANTI, Fabiane da Rosa; FELDENS, Luciano; RUTTKE, Alberto (Org.). *Garantias Penais*. Estudos alusivos aos 20 anos de docência do professor Alexandre Wunderlich. Porto Alegre: Boutique Jurídica, 2019. p. 537.

[189] CARVALHO, Marilia Araújo Fontenele de. *Hipóteses resolutivas do acordo premial e sua ausência procedimental*. 73 f. 2021. Dissertação (Mestrado em Direito Constitucional) – Instituto Brasileiro de Ensino, Desenvolvimento e Pesquisa, Brasília, 2021. p. 41.

Na tentativa de propor critérios para diferenciar as situações que poderiam ensejar a rescisão do acordo de colaboração premiada daquelas infrações contratuais que poderiam ser censuradas por uma sanção sem que fosse necessária a revogação do acordo, Afrânio Silva Jardim cita o exemplo de descumprimento de cláusula que obriga o colaborador a dar assistência econômica à vítima. A seu ver, tal situação não deve ser analisada isoladamente, necessitando que se verifique se o indivíduo efetivamente colaborou com as investigações, bastando isso para que se garanta a higidez dos benefícios acordados e que a omissão por ele configurada seja considerada na fixação da pena-base.[190]

Esse raciocínio está de acordo com a lógica desenvolvida pela teoria civilista – que é aplicada no direito contratual – do adimplemento substancial,[191] ou seja, o substancial cumprimento da obrigação material (*facta concludentia*) impede que haja a rescisão da avença.[192]

Além disso, Marilia Carvalho aponta que a entrega de provas constitui cumprimento material pelo colaborador ao acordo, o que levaria à exclusão da possibilidade de se rescindir, ainda que tenha havido cumprimento parcial.[193] Esse pensamento também reflete a linha adotada por Vinicius Vasconcellos no sentido de que, como a eficácia da colaboração é analisada na sentença, só então será dimensionada a extensão dos benefícios concedidos, previamente acordados, não havendo somente opções extremas.[194]

Importa, também, para inovar o debate sobre as diferenças de se adotar a rescisão e a repactuação do acordo de colaboração premiada, interpretar a temática sob a óptica da presunção de inocência. Como já dito em inúmeras ocasiões ao longo deste trabalho, defende-se que, sempre que houver suspeitas sobre eventual descumprimento do acordo, deve-se salvaguardar o colaborador da presunção de inocência a respeito dos fatos rescisórios que foram imputados.

---

[190] JARDIM, Afrânio Silva. Acordo de cooperação premiada: quais são os limites? *Revista Eletrônica de Direito Processual*, Rio de Janeiro, ano 10, v. 17, n. 1. p. 2-6, jan./jun. 2016. p. 4.

[191] Sobre a teoria do adimplemento substancial: FARIAS, Cristiano Chaves; ROSENVALD, Nelson; NETTO, Felipe Braga. *Manual de direito civil*. Volume único. Salvador: Juspodivm, 2017. p. 996-998.

[192] CARVALHO, Marilia Araújo Fontenele de. *Hipóteses resolutivas do acordo premial e sua ausência procedimental*. 73 f. 2021. Dissertação (Mestrado em Direito Constitucional) – Instituto Brasileiro de Ensino, Desenvolvimento e Pesquisa, Brasília, 2021. p. 43.

[193] CARVALHO, Marilia Araújo Fontenele de. *Hipóteses resolutivas do acordo premial e sua ausência procedimental*. 73 f. 2021. Dissertação (Mestrado em Direito Constitucional) – Instituto Brasileiro de Ensino, Desenvolvimento e Pesquisa, Brasília, 2021. p. 43.

[194] VASCONCELLOS, Vinicius Gomes. Colaboração premiada no processo penal. 4. ed. São Paulo: Revista dos Tribunais, 2021. p. 363.

Dessa maneira, no presente momento do debate, essa garantia constitucional ganha destaque pelo brocado *in dubio pro reo*, enquanto aplicação de regra de julgamento. Isso porque, caso o magistrado tenha dúvidas na aferição do grau de descumprimento do colaborador, deve-se interpretar de modo mais favorável ao particular celebrante, optando pela concessão integral dos benefícios ou pela repactuação do acordo de colaboração premiada.

2.6 Efeitos probatórios da rescisão em face do colaborador e do delatado

Discutidas as hipóteses ensejadoras da rescisão e como se aferir a sua necessidade (procedimento), tão importante quanto é analisar os efeitos probatórios dessa medida, ou seja, quais são os reflexos no mérito da ação penal, das provas produzidas pela colaboração premiada, em face do colaborador e do delatado. Nesse contexto, questiona-se se o colaborador pode se retratar da confissão caso o seu acordo seja revogado, bem como se as provas permanecem hígidas, podendo ser utilizadas em desfavor dos réus (colaboradores e delatados).

Não há previsão legal sobre o destino das provas produzidas por uma colaboração premiada cujo acordo foi rescindido. O legislador, por meio do §10 do art. 4º, estipulou que "as partes podem retratar-se da proposta, caso em que as provas autoincriminatórias produzidas pelo colaborador não poderão ser utilizadas exclusivamente em seu desfavor".[195] A respeito dos efeitos probatórios da retratação, discute-se a extensão do termo "exclusivamente", previsto no dispositivo legal, para se delimitar qual é a abrangência da inutilização das provas produzidas pelo colaborador que se retratou,[196] existindo posicionamentos diversos sobre o tema.[197]

---

[195] Uma primeira corrente sustenta que as provas podem ser utilizadas contra o delator desde que acompanhadas de outras independentes: MENDRONI, Marcelo Batlouni. *Comentários à Lei de Combate ao Crime Organizado*. Lei n. 12.850/2013. São Paulo: Atlas, 2014. p. 46-47.

[196] Há posicionamento de que a confissão do colaborador não pode ser utilizada após a retratação, mas as provas válidas derivadas podem ser valoradas. No ponto, filia-se à crítica de Vasconcellos no sentido de que tal raciocínio desconsidera a relação de dependência entre tais provas, o que levaria a uma violação ao princípio constitucional da não autoincriminação (SILVA, Eduardo Araújo da. *Organizações criminosas*: Aspectos penais e processuais da Lei n. 12.850/2013. São Paulo: Atlas, 2014. p. 67; VASCONCELLOS, Vinicius Gomes. *Colaboração premiada no processo penal*. 4. ed. São Paulo: Revista dos Tribunais, 2021. p. 365).

[197] Um terceiro posicionamento vai no sentido de que as provas podem ser utilizadas caso sejam favoráveis à defesa (MENDONÇA, Andrey B. A colaboração premiada e a

Porém, tal dispositivo se refere aos efeitos probatórios da retratação e não da rescisão, sendo que constituem hipóteses resolutivas distintas, conforme exposto no tópico 2.1 do trabalho.

Apesar de conceitos diferentes, defende-se a garantia da não autoincriminação como importante vetor interpretativo para a análise da (in)utilização – contra o próprio colaborador – das provas por ele produzidas em caso de retratação ou rescisão ocasionada por descumprimento pelo MP. Em atenção à delimitação do objeto do trabalho, focar-se-á os aspectos probatórios decorrentes da revogação.

Em relação à confissão, trata-se de uma opção da defesa em não exercer o seu direito à não autoincriminação. No caso da colaboração premiada, ela é praticada na expectativa de obtenção de benefícios pelo colaborador. Dessa forma, se os prêmios não são conferidos, seja pela própria escolha do delator (retratação), seja pelo seu inadimplemento (rescisão), deve-se permitir que ele se retrate da confissão ora exercida[198], uma vez que não se trata de renúncia ao direito fundamental da não autoincriminação, mas sim de um não exercício deste quando o colaborador decidiu confessar, podendo, após a alteração da sua situação processual pela rescisão, optar por exercer a sua garantia constitucional.

Diferentemente da confissão, acredita-se que as provas advindas da colaboração premiada possam permanecer hígidas no processo mesmo em caso de rescisão.[199] Deve-se ter em mente, para defender tal posicionamento, que a revogação nada mais é do que a sanção aplicada por conta de um descumprimento grave e proporcional por parte do colaborador.

O raciocínio para se defender a permanência e a utilização das provas produzidas pelo delator contra si é o mesmo que leva a impedir que haja retratação após a homologação do acordo. Se a Lei nº 12.850/2013 – em face da leitura do §10 do art. 4º – veda que as provas produzidas

---

criminalidade organizada: a confiabilidade das declarações do colaborador e seu valor probatório. *In*: SALGADO, Daniel R.; QUEIROZ, Ronaldo P. (Org.). *A prova no enfrentamento à macrocriminalidade*. 2. ed. Salvador: JusPodivm, 2016. p. 15-16).

[198] Nesse sentido: PEREIRA, Frederico Valdez. *Delação premiada*. Legitimidade e procedimento. 3. ed. Curitiba. Juruá, 2016. p. 148; VASCONCELLOS, Vinicius Gomes. *Colaboração premiada no processo penal*. 4. ed. São Paulo: Revista dos Tribunais, 2021. p. 368.

[199] Essa é uma prática que já vem sendo adotada nos acordos de colaboração premiada celebrados, como se observa no §2º, da Cláusula 31 do acordo na PET 6.138 STF: "se a rescisão for imputável ao colaborador, ele perderá todos os benefícios concedidos, permanecendo hígidas e válidas todas as provas produzidas, inclusive depoimentos que houver prestado e documentos que houver apresentado." Em igual sentido: BITTAR, Walter B. *Delação premiada*. 3. ed. São Paulo: Tirant, 2020. p. 273.

pelo colaborador sejam utilizadas contra ele em caso de retratação, deve-se diferenciar da rescisão. Caso contrário, sanção alguma haverá caso o colaborador descumpra com o que acordou, caracterizando a rescisão uma mera retratação.[200] Dessa forma, evita-se comportamentos de má-fé do colaborador, que, dolosamente, poderia descumprir o seu acordo para descaracterizar a utilidade das provas advindas do pacto.

Nesse ponto, ainda que não sejam invalidadas as provas e as declarações do "ex-colaborador", após a rescisão, é salutar que se faça um controle de confiabilidade dos elementos de prova remanescentes, uma vez que a própria condição de colaborador, por si só, já revela interesse na causa e a rescisão do acordo, no mínimo, denota um comportamento de má-fé processual, o que pode levar a omissões, até mesmo informações incompletas ou inverídicas fornecidas pelo colaborador.[201]

Como a lei determina que não se pode condenar nem sequer receber denúncia ou decretar medidas cautelares com base exclusivamente na palavra do delator,[202] mesmo que o acordo seja rescindido e as provas permaneçam intactas e à disposição das partes, não pode a rescisão significar uma condenação automática do acusado "ex-colaborador", devendo a acusação desincumbir do seu ônus probatório de ultrapassar os *standards* exigidos pela presunção de inocência.

Ao analisar precedente da Corte Constitucional italiana, Vinicius Vasconcellos afirma que a própria presunção de inocência deve militar em favor do colaborador na análise de sua culpabilidade.[203]

Isso visto que deve a acusação possuir provas independentes da colaboração ou decorrentes dela, mas que não foram fornecidas pelo

---

[200] Em sentido contrário: SARAIVA, Renata Machado; MARTINS, Luiza Farias Retratação e rescisão dos acordos de colaboração premiada: apontamentos e preocupações. *In*: CAVALCANTI, Fabiane da Rosa; FELDENS, Luciano; RUTTKE, Alberto (Org.). *Garantias Penais*. Estudos alusivos aos 20 anos de docência do professor Alexandre Wunderlich. Porto Alegre: Boutique Jurídica, 2019. p. 545.

[201] Vinicius Vasconcellos chama a atenção para esse ponto ao citar julgado da segunda turma do STJ: AgInt no REsp 1.892.447/PR, Rel. Min. Mauro Campbell Marques, Segunda Turma, j. 24.2.2021 (VASCONCELLOS, Vinicius Gomes. *Colaboração premiada no processo penal*. 4. ed. São Paulo: Revista dos Tribunais, 2021. p. 368).

[202] Art. 4º, §16. Nenhuma das seguintes medidas será decretada ou proferida com fundamento apenas nas declarações do colaborador:
I - medidas cautelares reais ou pessoais;
II - recebimento de denúncia ou queixa-crime;
III - sentença condenatória.

[203] VASCONCELLOS, Vinicius G.; CAPARELLI, Bruna. Barganha no processo penal italiano: análise crítica do patteggiamento e das alternativas procedimentais na justiça criminal. *Revista eletrônica de Direito Processual*, v. 15, jan/jun. 2015. p. 446.

colaborador, para pleitear o recebimento de uma denúncia ou a própria condenação criminal, não fazendo a lei distinção desses *standards* probatórios entre colaborador e delatado.

Em igual sentido, se as provas decorrentes do acordo de colaboração premiada rescindido permanecem hígidas, nada se altera a respeito da sua utilização em face dos delatados. Isso se justifica na medida em que a relação estabelecida no pacto negocial está restrita às partes contratantes e apenas foi desfeita em virtude do descumprimento de uma delas.[204]

Dessa forma, não há questionamentos quanto a vício na sua formação, o que levaria à invalidade das provas produzidas. O Min. Edson Fachin, em seu voto no julgamento de questão de ordem, sintetizou o entendimento firmado pelo STF de que a rescisão do acordo de colaboração premiada não afeta o aproveitamento das provas produzidas:

> [...] a possibilidade de rescisão ou de revisão, total ou parcial, de acordo homologado de colaboração premiada, em decorrência de eventual descumprimento de deveres assumidos pelo colaborador, não propicia, no caso concreto, conhecer e julgar alegação de imprestabilidade das provas, porque a rescisão ou revisão tem efeitos somente entre as partes, não atingindo a esfera jurídica de terceiros, conforme reiteradamente decidido pelo Supremo Tribunal Federal.[205]

É possível verificar diferenças a respeito da utilização das provas de um acordo de colaboração premiada rescindido caso a revogação tenha sido causada pelo Ministério Público, levando à sua inutilização ou ao aproveitamento caso seja de vontade do colaborador. Nesse ponto, ao apresentar posicionamento contrário ao aproveitamento das provas em caso de rescisão originada por postura estatal,[206] Vinicius Vasconcellos traz exemplos de cláusulas que caminham nesse sentido.[207]

---

[204] Esse foi o entendimento firmado no *leading case* do HC 127.483/PR, pelo Pleno do STF, rel. Min. Dias Toffoli, j. 27/08/2015. Tal posicionamento também foi ratificado novamente pelo Pleno do STF no Inq. 3983, rel. Min. Teori Zavascki, julgado em 03.03.2016.

[205] STF, Inq. 4.483 QO/DF, Plenário, Rel. Min. Edson Fachin, julgado em 21/09/2017.

[206] VASCONCELLOS, Vinicius Gomes. *Colaboração premiada no processo penal*. 4. ed. São Paulo: Revista dos Tribunais, 2021. p. 368.

[207] Cláusula 19 no acordo da PET. 7.003 STF: "mesmo que rescindido este acordo, salvo se essa rescisão se der por descumprimento desta avença por exclusiva responsabilidade do Ministério Público Federal." Com idêntica redação é a cláusula 12 do acordo de colaboração premiada tratado na PET. 5.244. Sobre o poder de escolha do colaborador a respeito do aproveitamento das provas: "se a rescisão for imputável ao MPF ou ao Juízo Federal, o colaborador poderá, a seu critério, cessar a cooperação, com a manutenção dos benefícios já

Realmente, não se pode dar o mesmo tratamento a respeito do aproveitamento das provas caso a rescisão seja causada pelo Estado, uma vez que o titular da ação penal é o principal interessado na eficácia do meio de obtenção de prova de colaboração premiada e adotou um comportamento desleal e contraditório com o particular celebrante.

Desse modo, a inutilização do material probatório seria uma espécie de sanção por tal fato, ficando a critério do colaborador decidir pelo aproveitamento ou não. Deve-se aprofundar no ainda inexplorado debate sobre a rescisão do acordo de colaboração premiada pelo Estado, o que se passa a fazer no próximo tópico.

2.7 A rescisão do acordo de colaboração premiada causada por atuação estatal

Uma situação específica que a legislação não esclarece é quando o agente estatal celebrante do acordo de colaboração premiada adota postura de descumprimento da avença. Renata Saraiva e Luiza Martins chamam a atenção para o fato de que, com a ausência legislativa, os acordos estipulam cláusulas rescisórias imputadas ao colaborador, mas poucas são as que cogitam de descumprimento por parte do Estado, o que, sob sua óptica, fere a isonomia.[208]

Nesse contexto, são raras as cláusulas que retratam tal hipótese, como a de número 28 no acordo da PET. 7003: "se a rescisão for imputável ao Ministério Público Federal, o Colaborador poderá, a seu critério, fazer cessar a cooperação, preservados os benefícios já concedidos e as provas já produzidas". Outra previsão que pode ser utilizada como exemplo de generalidade sobre o tema é a cláusula 19, "h", do acordo de colaboração premiada da PET. 5244, do STF: "Se o MPF não pleitear em favor do colaborador os benefícios legais aqui acordados".

A rescisão do acordo de colaboração premiada imputada ao agente estatal é verificada quando ele, após o cumprimento das obrigações pelo colaborador, deixa de postular a concessão dos benefícios

---

concedidos e provas já produzidas, cuja redação está presente nas cláusulas 31, §1º, acordo na PET. 6.138 STF; 20, §1º, acordo na PET. 5.244 STF; 24, §1º, acordo na PET. 5.210.

[208] SARAIVA, Renata Machado; MARTINS, Luiza Farias Retratação e rescisão dos acordos de colaboração premiada: apontamentos e preocupações. *In*: CAVALCANTI, Fabiane da Rosa; FELDENS, Luciano; RUTTKE, Alberto (Org.). *Garantias Penais*. Estudos alusivos aos 20 anos de docência do professor Alexandre Wunderlich. Porto Alegre: Boutique Jurídica, 2019. p. 540.

acordados, incorrendo em descumprimento das obrigações estatais.[209] Desse modo, ao analisar a eficácia da colaboração antes de prolatar a sentença, não pode o magistrado ficar vinculado à ausência de postulação ministerial, devendo conceder os benefícios acordados caso eles estejam de acordo com a legalidade e sejam proporcionais à eficácia da colaboração.

Nesse contexto, são pertinentes as considerações lançadas pelo Min. Barroso em voto sobre a necessidade de o Estado adotar uma postura leal com o particular celebrante de acordo de colaboração premiada:

> Estou convencido de que a colaboração premiada, uma vez homologada, só não será honrada se o colaborador não cumprir com as obrigações que assumiu. Porque, do contrário, se o Estado, pelo seu órgão de acusação, firma um acordo de colaboração premiada que ele, Estado, valorou ser do seu interesse, obtém as informações para punir réus mais perigosos ou crimes mais graves – e, portanto, se beneficia do colaborador –, e depois não cumpre o que ajustou, é uma deslealdade por parte do Estado e é a desmoralização total do instituto da colaboração premiada.[210]

Essa situação trazida pelo trecho do voto acima demanda a necessidade de a lei estipular comandos para se evitar e repelir a postura desleal do agente estatal que descumpre com o clausulado do acordo de colaboração premiada, sendo o caso de se debater o sancionamento por conduta acusatória abusiva.[211]

Caso contrário, permitir-se-ia que o Ministério Público celebrasse o acordo, se beneficiasse dos elementos probatórios advindos da colaboração do particular celebrante e deixaria à conveniência do *Parquet* requerer ou não, ao juízo, os benefícios pactuados.[212]

---

[209] Renata Saraiva e Luiza Martins também cogitam de outra hipótese rescisória imputada ao agente estatal quando este violar o compromisso de assegurar o sigilo das informações constantes da colaboração premiada (SARAIVA, Renata Machado; MARTINS, Luiza Farias Retratação e rescisão dos acordos de colaboração premiada: apontamentos e preocupações. In: CAVALCANTI, Fabiane da Rosa; FELDENS, Luciano; RUTTKE, Alberto (Org.). *Garantias Penais*. Estudos alusivos aos 20 anos de docência do professor Alexandre Wunderlich. Porto Alegre: Boutique Jurídica, 2019. p. 546).

[210] SUPREMO TRIBUNAL FEDERAL. *Petição 7074 QO*. Rel. Min. Edson Fachin, Tribunal Pleno, julgado em 29/06/2017.

[211] VASCONCELLOS, Vinicius Gomes. *Colaboração premiada no processo penal*. 4. ed. São Paulo: Revista dos Tribunais, 2021. p. 368.

[212] CALLEGARI, André Luís; LINHARES, Raul Marques. *Colaboração premiada*: lições práticas e teóricas – de acordo com a jurisprudência do Supremo Tribunal Federal. 2. ed. rev. e ampl. Porto Alegre: Livraria do Advogado, 2020. p. 158.

No entanto, cumpre salientar a dificuldade de se diferenciar o descumprimento por parte do Ministério Público de uma atividade hermenêutica exercida por ele se o colaborador realmente cumpriu com todas as suas obrigações.[213] Isso se dá pelo fato de as obrigações estabelecidas nos acordos serem amplas e genéricas, problema já relatado anteriormente no debate das hipóteses de rescisão do acordo por parte do colaborador, cabendo ao legislador aprimorar a matéria sobre as hipóteses rescisórias causadas pelo agente estatal.

2.8 Síntese do capítulo: apontamentos das omissões normativas e proposta de soluções interpretativas

O presente capítulo teve como objetivo traçar um panorama sobre a evolução normativa da rescisão do acordo de colaboração premiada, evidenciando os pontos omissos e propondo soluções interpretativas, a partir da aplicabilidade imediata dos direitos fundamentais (no caso, presunção de inocência, contraditório e reserva de jurisdição) para o preenchimento de lacunas sem que haja alteração legislativa. As propostas aqui formuladas não vão de encontro à necessidade de aperfeiçoamento legislativo do tema. Pelo contrário, apenas realçam a importância de se debaterem mudanças na lei, o que será feito no próximo capítulo.

No caso das hipóteses de rescisão, verificou-se que a grande problemática sobre a sua previsibilidade gira em torno da amplitude e generalidade dos objetos dos acordos de colaboração premiada, o que foi identificado e atacado pela Lei nº 13.964/2019. No ponto, buscou-se chamar a atenção para o fato de que, sob a óptica da presunção de inocência que milita em favor do colaborador quando ameaçado pela rescisão, isso gera a carga acusatória para o órgão ministerial, devendo este demonstrar: a) que o delator omitiu, dolosamente, fato ou informação relevante que gerou prejuízos à investigação, sendo que o colaborador tinha potencial conhecimento da antijuridicidade do fato que sonegou dos agentes estatais; b) que o colaborador, após a

---

[213] Nesse ponto, Marilia Carvalho salienta que é "hercúlea a alegação de descumprimento do acordo pelo Estado em razão da hipossuficiência do agente colaborador ante o rolo compressor estatal. Afinal, basta o órgão acusador aduzir a existência de cláusula resolutiva, ante a amplitude, imprecisão e indeterminação da forma de resolução do contrato premial, para que os efeitos deletérios do descumprimento estatal não venham a se materializar". CARVALHO, Marilia Araújo Fontenele de. *Hipóteses resolutivas do acordo premial e sua ausência procedimental*. 73 f. 2019. Dissertação (Mestrado em Direito Constitucional) – Instituto Brasileiro de Ensino, Desenvolvimento e Pesquisa, Brasília, 2019. p. 51.

celebração da avença, incorreu em reiteração delitiva relacionada com o fato da investigação originária ao acordo, o que pode ser demonstrado pela existência de provas de materialidade e indícios de autoria de permanência do vínculo do colaborador com práticas criminosas da organização criminosa investigada.

Em seguida, diante da ausência de qualquer disposição normativa sobre o procedimento rescisório, foram apontadas as tensões com as garantias constitucionais geradas por esse vazio, em especial da possibilidade de o colaborador ter o seu acordo revogado sem que fosse ouvido e confrontasse as razões da rescisão perante órgão jurisdicional competente. Ainda que haja debate sobre a necessidade de procedimento próprio a depender da natureza do benefício, apresentou-se o argumento de que deve o magistrado, antes de analisar a concessão do prêmio na sentença, permitir ampla instrução probatória sobre a controvérsia rescisória em sede de diligências complementares. De todo modo, lançaram-se argumentos que demandam a análise acurada do legislador sobre a necessidade de estipular procedimento rescisório específico em que, dados os riscos envolvidos da rescisão, possa zelar pelo contraditório e pelo efetivo controle jurisdicional dessa medida que, ainda que mediatamente, pode afetar o *status libertatis* do cidadão.

Logo após, foram discutidos os efeitos probatórios da rescisão do acordo de colaboração premiada em face do colaborador e do delatado. Apontou-se a necessidade de se diferenciar a retratação da rescisão, de modo a permitir que esta enseje a manutenção do material probatório produzido, podendo o colaborador, em caso de revogação, se retratar apenas da confissão. Entretanto, por força da presunção de inocência, ainda que a prova tenha sido produzida pelo colaborador, é necessário que a acusação demonstre, para além de qualquer dúvida razoável e com provas independentes ou de corroboração, a culpabilidade do delator que teve o seu acordo rescindido. Como a revogação produz efeitos entre as partes celebrantes, tal modalidade não implica a inutilização das provas contra os delatados.

Por fim, chamou-se atenção para a omissão legislativa acerca da causa de rescisão imputada ao agente estatal, em que a ausência de filtros e a inércia jurisdicional podem levar a uma postura abusiva do Ministério Público, valendo-se do seu juízo discricionário, optar pela concessão ou não dos benefícios pactuados, de forma dissociada da eficácia da colaboração. Desse modo, sustentou-se a necessidade de o legislador se voltar para a regulação do tema.

CAPÍTULO 3

VAZIOS NORMATIVOS E A NECESSIDADE DE ATUAÇÃO DOS PODERES JUDICIÁRIO E LEGISLATIVO

Após verificar o cenário normativo atual e apontar os problemas de regulação da rescisão do acordo de colaboração premiada, apontando as insuficiências do texto, bem como as lacunas normativas do tema, e de que modo tal cenário compromete a aplicação dos direitos fundamentais da presunção de inocência, do contraditório e da inafastabilidade da tutela jurisdicional, é necessário ressaltar o papel de cada ator na tarefa de preenchimento das lacunas normativas existentes sobre o tema.

Para tanto, no primeiro tópico (3.1), apontar-se-á o papel do Judiciário na ocupação dos vazios normativos, enquanto não há uma atuação do Poder Legislativo a respeito.

Como já dito anteriormente, deve-se ter em mente que, por mais que o legislador tente prever todas as hipóteses de rescisão, ou que o aplicador do direito – por meio de interpretação ou integração – tente solucionar o problema, os espaços de consenso continuarão estipulando situações que nenhum desses atores conseguirá imaginar *prima facie*. Dessa forma, o segundo tópico (3.2) analisará exemplos de cláusulas rescisórias sem previsão legal e a sua conformação constitucional.

Como contribuição final deste trabalho, considerando que o legislador deve ser o protagonista no processo de suprimento das lacunas normativas, apresentar-se-á uma proposta de *lege ferenda* para o aperfeiçoamento do regime jurídico da rescisão do acordo de colaboração premiada (tópico 3.3).

3.1 A necessidade de atuação do Poder Judiciário para o preenchimento das omissões legislativas sobre a rescisão do acordo de colaboração premiada

No tópico de síntese do segundo capítulo, procurou-se apresentar propostas de soluções interpretativas a respeito das lacunas existentes sobre rescisão do acordo de colaboração premiada. Diante dos tensionamentos com a ordem constitucional apontados pela ausência de respostas da norma infraconstitucional, é necessário compreender a legitimidade do Poder Judiciário para exercer um papel de legislador positivo, pois, ainda que transitoriamente, é ele o responsável por apontar respostas para situações que o legislador não estipulou, de modo a resguardar as garantias constitucionais aplicáveis ao processo penal.

Percebe-se que essa atuação não é incomum na temática da colaboração premiada. Em outros tópicos desse instituto, primeiro o Judiciário supriu o vácuo, proferindo decisões em sede de controle difuso de constitucionalidade de respostas para situações que a lei não estipulava e só depois o legislador preencheu os espaços normativos. A própria Lei nº 13.964/2019, no que se refere à colaboração premiada, é resultado do avanço dessas decisões.

Desse modo, como já dito anteriormente, são alguns exemplos desse cenário: a vedação legal ao recebimento de denúncia sem elemento de corroboração;[214] a proibição de os acordos estipularem benefícios não previstos em lei;[215] a necessidade de o delatado sempre se manifestar após o colaborador[216] e a nulidade de previsão nos acordos de renúncia ao direito de recurso ou impugnação pelo colaborador.[217]

---

[214] Art. 4º, §16. Nenhuma das seguintes medidas será decretada ou proferida com fundamento apenas nas declarações do colaborador [...].
II - recebimento de denúncia ou queixa-crime;

[215] Art. 4º, §7º. [...]
II - adequação dos benefícios pactuados àqueles previstos no caput e nos §§4º e 5º deste artigo, sendo nulas as cláusulas que violem o critério de definição do regime inicial de cumprimento de pena do art. 33 do Decreto-Lei nº 2.848, de 7 de dezembro de 1940 (Código Penal), as regras de cada um dos regimes previstos no Código Penal e na Lei nº 7.210, de 11 de julho de 1984 (Lei de Execução Penal) e os requisitos de progressão de regime não abrangidos pelo §5º deste artigo; (Incluído pela Lei nº 13.964, de 2019).

[216] §10-A Em todas as fases do processo, deve-se garantir ao réu delatado a oportunidade de manifestar-se após o decurso do prazo concedido ao réu que o delatou.

[217] §7º-B. São nulas de pleno direito as previsões de renúncia ao direito de impugnar a decisão homologatória.

No que se refere à rescisão, pode-se dizer que a própria instauração de um procedimento judicial no âmbito da PET. 7003 reflete essa preocupação em não deixar que a omissão legislativa acabe por ferir garantias constitucionais. Assim, as propostas interpretativas apresentadas ao final do segundo capítulo estão inseridas nesse mesmo contexto de necessidade de preenchimento dos espaços normativos e tutela dos direitos fundamentais.

Nesse sentido, a necessidade de atuação do Poder Judiciário para suprir as lacunas legislativas deve ser baseada nos riscos que a omissão gera para a concretização dos direitos fundamentais.[218] Se antes havia uma preocupação da jurisdição constitucional em suprir uma lacuna caso houvesse o comando constitucional específico de legislar, agora "se confere maior relevância às consequências da inércia para a configuração de um estado de inconstitucionalidade por omissão".[219]

Dessa forma, dentro dos limites legítimos de atuação do Poder Judiciário, que, em matéria penal, deve zelar pela legalidade, a jurisdição constitucional não pode ser inibida de tutelar as garantias constitucionais quando determinada situação processual não regulada puder gerar conflito com elas. Isso dado que "a não produção de normas pelo Legislativo, em regra inserida no campo das opções políticas discricionárias, não pode conduzir ao bloqueio do exercício dos direitos fundamentais. Admitir o contrário seria negar o fundamento nuclear do constitucionalismo".[220]

Não se ignoram os riscos democráticos de uma atuação proativa do Estado, pelo Poder Judiciário, na propositura de soluções de integração do direito, por meio de sentenças aditivas, necessitando que ela seja sempre aplicada com cautela e de forma subsidiária e transitória, até que o legislador, legitimado principal na produção das normas, exerça o seu papel.[221]

---

[218] Sobre isso: PIOVESAN, Flávia. *Proteção judicial contra omissões legislativas*. Ação Direta de Inconstitucionalidade por omissão e Mandado de Injunção. 2. ed. São Paulo: Revista dos Tribunais, 2003.

[219] SOUZA FILHO, Ademar Borges de. Sentenças aditivas na jurisdição constitucional brasileira. Belo Horizonte: Fórum, 2016. p. 519. Versão para Kindle.

[220] SOUZA FILHO, Ademar Borges de. Sentenças aditivas na jurisdição constitucional brasileira. Belo Horizonte: Fórum, 2016. p. 420. Versão para Kindle.

[221] SOUSA FILHO, Ademar Borges de. *O controle de constitucionalidade das leis penais no Brasil*: graus de deferência ao legislador, parâmetros materiais e técnicas de decisão. Belo Horizonte: Fórum, 2019. p. 715. Versão para Kindle.

3.2 Cláusulas rescisórias não previstas em lei

Ponto dos mais polêmicos sobre o instituto da colaboração premiada, sem dúvidas, é sobre os limites dos espaços de consenso nos acordos. É um debate macro que irradia sobre as mais variadas aplicações desse negócio jurídico processual, tais como a (im)possibilidade de concessão de benefícios não previstos em lei; delimitação das cláusulas obrigacionais e, no tema a ser tratado no presente tópico, a estipulação de cláusulas rescisórias não previstas em lei.

Em sua acepção de negócio jurídico processual, traz-se ao debate a necessidade de que a vontade das partes ocupe um espaço de protagonismo na interpretação e na aplicação do instituto, uma vez que ela "não atua apenas como pressuposto de existência do negócio jurídico, mas ela atua também, em alguma medida, na escolha da eficácia que lhe será decorrente".[222] Divide-se a doutrina sobre qual o alcance da vontade das partes na fixação das cláusulas do acordo.[223] Esse debate já foi apresentado no tópico 1.1 do presente trabalho, mas busca-se aqui direcioná-lo a respeito do exercício da vontade na definição de cláusulas rescisórias.

Fato é que não se pode analisar um acordo de colaboração premiada utilizando-se como único critério a primazia da vontade, uma vez que, inserida no direito processual penal, deve ser observada e aplicada com muita cautela, em virtude da essencialidade dos direitos fundamentais em jogo. Portanto, a delimitação do espaço de consenso passa necessariamente pela análise daquilo que a ordem jurídica conferiu como sendo possível as partes disporem.[224]

---

[222] DIDIER JR., Fredie; BOMFIM, Daniela. Colaboração premiada (Lei n. 12.850/2013): natureza jurídica e controle da validade por demanda autônoma – um diálogo com o Direito Processual Civil. *Civil Procedure Review*, v. 7, n. 2, p. 161, maio/ago. 2016. p. 141.

[223] A mero título exemplificativo, favorável ao maior protagonismo do acordado: MENDONÇA, Andrey B. Os benefícios possíveis na colaboração premiada: entre a legalidade e a autonomia da vontade. *In:* MOURA, Maria Thereza A.; BOTTINI, Pierpaolo C. (Coord.). *Colaboração premiada.* São Paulo: RT, 2017. p. 53-101. Em defesa da legalidade estrita: CAPEZ, Rodrigo. A sindicabilidade do acordo de colaboração premiada. In: BOTTINI, Pierpaolo Cruz; MOURA, Maria Thereza de Assis (Org.). *Colaboração Premiada*. São Paulo: Revista dos Tribunais, 2017. p. 201-228.

[224] DIDIER JR., Fredie; BOMFIM, Daniela. Colaboração premiada (Lei n. 12.850/2013): natureza jurídica e controle da validade por demanda autônoma – um diálogo com o Direito Processual Civil. *Civil Procedure Review*, v. 7, n. 2, p. 161, maio/ago. 2016. p. 142. Em sentido crítico à aplicação irrestrita da autonomia da vontade, Pontes de Miranda afirma: "Evite-se, outrossim, chamá-la autonomia privada, no sentido de autorregramento de direito privado, porque, com isso, se elidiria, desde a base, qualquer autorregramento da vontade em direito

Sobre a rescisão do acordo de colaboração, como já tratado até aqui, verifica-se que a primeira tentativa de normatização do tema se deu com a Lei nº 13.964/2019, ao estipular duas hipóteses de revogação nos §§17 e 18, que foram acrescidos ao art. 4º da Lei nº 12.850/2013. Apesar dessa iniciativa, é utópico imaginar que o legislador será capaz de estipular todas as hipóteses rescisórias, uma vez que cada acordo possui a sua singularidade fática a ensejar uma redação específica para sua revogação.

O fato de não haver norma específica sobre a rescisão não pode impedir que os acordos estipulem as suas hipóteses de revogação. Deve-se voltar para a necessidade de que as cláusulas estejam em conformidade com o ordenamento jurídico, em virtude de haver um sistema de negociações limitadas.[225] Não necessariamente a lei deve estipular todas as hipóteses de rescisão, porquanto impossíveis, mas não podem as cláusulas rescisórias acordadas estarem em descompasso com as garantias constitucionais aplicáveis ao processo penal nem à própria legislação de regência do instituto.

Desse modo, o tópico analisará a conformidade constitucional e os tensionamentos gerados por exemplos de cláusulas rescisórias pactuadas sem previsão legal. Para tanto, foram escolhidas as cláusulas de a) recusa a prestar informação de que se tenha conhecimento; b) recusa a entregar documento em seu poder ou sob sua guarda de pessoa de suas relações ou sujeita à sua autoridade ou influência, ou não indicação da pessoa e do local onde ele poderá ser obtido; c) destruição, adulteração ou supressão de provas; d) cometimento de outro crime doloso; e) fuga ou tentativa; f) quebra de sigilo do acordo; g) descumprimento de qualquer dispositivo do acordo.

Esses exemplos foram retirados dos acordos no âmbito das PETs 5.210; 5.244; 5.952; 6.138 e 7.003, todas no STF. Os respectivos acordos já foram divulgados pela imprensa e citados em outros trabalhos acadêmicos.[226]

---

público, – o que seria falsíssimo." MIRANDA, Francisco Cavalcanti Pontes de. *Tratado de direito privado*. t. III, cit., p. 56.

[225] VASCONCELLOS, Vinicius Gomes de. Colaboração premiada e negociação na justiça criminal brasileira: acordos para aplicação de sanção penal consentida pelo réu no processo penal. *Revista Brasileira de Ciências Criminais*, São Paulo, v. 166, ano 28, p. 241-271, abr. 2020. p. 243.

[226] VASCONCELLOS, Vinicius Gomes. *Colaboração premiada no processo penal*. 4. ed. São Paulo: Revista dos Tribunais, 2021. p. 358; VASCONCELLOS, Vinicius Gomes de. Colaboração premiada e negociação na justiça criminal brasileira: acordos para aplicação de sanção penal

a) Recusa a prestar informações de que se tenha conhecimento

Trata-se de uma hipótese rescisória que, interpretada isoladamente, é excessivamente ampla e genérica, o que coloca em risco a higidez do acordo e torna bastante vulnerável a posição do colaborador. Essa cláusula acaba sendo uma consequência da prática relatada diversas vezes no último capítulo, que é o cenário de obrigações indefinidas, levando o acordo de colaboração premiada a figurar uma "fishing expedition" que, sem critérios mínimos de racionalidade investigativa, busca-se fazer um histórico de toda a vida do indivíduo, sem a devida limitação fática, o que também poderia ser chamado de "pacto por toda a vida".

Assim, como já demonstrada a incompatibilidade dessa prática com um cenário de justiça penal negocial que também salvaguarde as garantias constitucionais do acusado, a recusa a prestar informações de que se tenha conhecimento só se configura como hipótese rescisória idônea caso o Ministério Público demonstre a pertinência temática da informação recusada com os fatos que constituem o objeto do acordo de colaboração premiada. Deve-se observar, portanto, a previsão legal constante do §3º do art. 3º-C da Lei nº 12.850/2013, que foi acrescido pelo Pacote Anticrime,[227] que delimita a obrigação de colaborar aos fatos em investigação, apontados na própria avença.

Pode-se dizer que essa hipótese rescisória se enquadra na hipótese de rescisão por omissão dolosa, incorporada ao ordenamento pelo §17 do art. 4º da Lei de Organização Criminosa. Aplicam-se aqui as mesmas considerações que foram feitas em tópico deste trabalho ao analisar o referido dispositivo legal. Em síntese, é importante que se demonstre – para fins de ultrapassar o *standard* mínimo de culpabilidade dessa hipótese rescisória – que o colaborador agiu dolosamente e que tinha a consciência da ilicitude da informação por ele omitida, verificando, também, o momento da sonegação da informação, sob pena de anulação do acordo por vício na manifestação de vontade.

---

consentida pelo réu no processo penal. *Revista Brasileira de Ciências Criminais*, São Paulo, v. 166, ano 28, p. 241-271, abr. 2020. p. 243. No mesmo sentido: SARAIVA, Renata Machado; MARTINS, Luiza Farias Retratação e rescisão dos acordos de colaboração premiada: apontamentos e preocupações. *In*: CAVALCANTI, Fabiane da Rosa; FELDENS, Luciano; RUTTKE, Alberto (Org.). *Garantias Penais*. Estudos alusivos aos 20 anos de docência do professor Alexandre Wunderlich. Porto Alegre: Boutique Jurídica, 2019. p. 527.

[227] §3º No acordo de colaboração premiada, o colaborador deve narrar todos os fatos ilícitos para os quais concorreu e que tenham relação direta com os fatos investigados.

Também é salutar que se evite a adoção da rescisão caso a informação omitida não tenha resultado prejuízo proporcional à sanção da revogação do contrato, privilegiando a higidez da avença e a adoção de medidas à altura da gravidade do ocorrido, por exemplo, a concessão dos benefícios acordados em seu patamar mínimo.

b) Recusa a entregar documento em seu poder ou sob sua guarda de pessoa de suas relações ou sujeita à sua autoridade ou influência, ou não indicação da pessoa e do local onde ele poderá ser obtido

Quanto à recusa do colaborador em entregar documento que está sob sua posse, desde que comprovada pela acusação a sua utilidade e demonstrado que o celebrante tem criado obstáculo para o acesso dos investigadores a esse documento, não há o que se questionar quanto à validade dessa hipótese rescisória. A partir do momento em que se celebrou o acordo, para ter os seus benefícios concretizados, não pode o colaborador se furtar a realizar as suas obrigações na produção probatória, uma vez que a avença possui natureza jurídica de meio de obtenção de prova.

Obviamente, pela linha de raciocínio desenvolvida neste trabalho, deve-se permitir que o colaborador esclareça os motivos pelos quais não forneceu o documento solicitado. Caso não apresente justificativa idônea para tanto, a partir disso, poderia se cogitar da revogação por incursão nessa cláusula, observando também a relevância desse descumprimento.

Mais tormentoso é o ponto dessa cláusula que se refere a documento que está na posse de outra pessoa. No exemplo da cláusula em comento, definiu-se que o terceiro deve ser alguém de relação do colaborador ou sujeito à sua autoridade ou influência. Ao condicionar a consecução do acordo a uma postura de pessoa que não faz parte da avença, fere-se a bilateralidade do pacto. Não se pode exigir do colaborador algo que não dependa dele, sob pena de rescisão.

Por mais que se tente delimitar qualquer submissão desse terceiro ao colaborador, caso se aceite o ponto em comento dessa cláusula, ignora-se que esse terceiro é sujeito de direito e que em nenhum momento se comprometeu a colaborar com o acordo, uma vez que nem sequer é parte dele.

Além do mais, deve-se ressaltar que o acordo de colaboração premiada não isenta o Estado de realizar o seu dever de investigar, pelos meios que o ordenamento autoriza. Ao se admitir esse trecho da cláusula, trata-se de uma verdadeira transferência da responsabilidade de se investigar do Estado para o colaborador.[228]

Ademais, deve o Estado, ao celebrar acordo de colaboração premiada, observar a proteção do núcleo familiar do colaborador ao exigir a incriminação de terceiros. Em exemplo muito singular, que demonstra a necessidade de se fixarem limites aos espaços de consenso, o Ministério Público pleiteou a rescisão do acordo de colaboração premiada em virtude de o delator ter omitido documento que pudesse criminalizar o seu filho.[229]

Verifica-se, portanto, que essa cláusula não pode ser interpretada como hipótese rescisória caso se alegue o descumprimento do acordo em virtude de o colaborador ter zelado pela preservação do seu núcleo familiar, por ser afrontosa à dignidade da pessoa humana, devendo o colaborador gozar da mesma proteção conferida à testemunha:[230]

> Se é verdadeiro que o colaborador assume os deveres próprios da testemunha no processo penal (artigo 4º, §14, da Lei nº 12.850/2013) – embora

---

[228] Na linha da problemática aqui exposta, de transferência da responsabilidade de investigar do Estado para o colaborador, fragilizando a segurança jurídica do acordo com obrigações demasiadamente amplas e que dependam da assunção de terceiros, previu-se na cláusula 5 do acordo na PET. 7003 STF a obrigação de o colaborador indicar pessoas da empresa que poderiam ser potenciais colaboradores: "[...] o colaborador apresentará, em prazo máximo de 120 dias da assinatura do acordo, listagem não exaustiva de conselheiros, empregados e prepostos, atuais ou pretéritos, da J&F, ou de suas controladas, que, tendo praticado condutas penalmente relevantes, descritas nos anexos que acompanham o presente acordo, possam e pretendam colaborar com o Ministério Público na elucidação integral dos fatos, inclusive com identificação dos agentes públicos que tenham incorrido em crimes de corrupção passiva, lavagem de dinheiro, organização criminosa e/ou falsidade ideológica, entre outros, com a quantificação de valores pagos a título de vantagem indevida, indicação dos atos de ofício que tiverem sido negociados, e com as circunstâncias de local, tempo e modo de execução". Sobre isso, concorda-se com Vinicius Vasconcellos no sentido de que "embora não haja obrigação de convencimento a outros imputados e o acordo firmado não dependa disso, tal redação amplia a abrangência das obrigações ao colaborador, impondo contatos e eventuais negociações com coautores" (VASCONCELLOS, Vinicius Gomes. *Colaboração premiada no processo penal*. 4. ed. São Paulo: Revista dos Tribunais, 2021. p. 231).

[229] O estudo de caso dos autos da JFPR – de número 5014170-93.2017.4.04.7000 – foi feito no seguinte artigo: SANZ, Eduardo; MERLIN, Luiz; CAVAGNARI, Rodrigo; NEUWERT, Thiago. Colaboração premiada: cláusulas não negociáveis. Análise de um caso concreto. *In*: CAVALCANTI, Fabiane da Rosa; FELDENS, Luciano; RUTTKE, Alberto (Org.). *Garantias Penais*. Estudos alusivos aos 20 anos de docência do professor Alexandre Wunderlich. Porto Alegre: Boutique Jurídica, 2019. p. 191-215.

[230] Art. 206 do CPP: "A testemunha não poderá eximir-se de depor. Poderão, entretanto, recusar-se a fazê-lo o ascendente ou descendente, o afim em linha reta, o cônjuge, ainda que desquitado, o irmão e o pai, a mãe, ou o filho adotivo do acusado, salvo quando não for possível, por outro modo, obter-se ou integrar-se a prova do fato e de suas circunstâncias.

não seja ele, tecnicamente, uma testemunha –, devem valer a ele também as disposições que limitam os compromissos que lhe são próprios. As renúncias ao direito ao silêncio e ao direito de não autoincriminação não se estendem aos demais direitos e garantias de toda e qualquer testemunha. O colaborador, por sua própria condição, não fica destituído dos seus direitos. Como fica claro no artigo 5º da Lei nº 12.850/2013, não se exclui ou limita o pleno gozo dos demais direitos e garantias fundamentais.

Assim, da mesma forma que a testemunha, o colaborador não pode ser compelido pelo Estado a contribuir e ser causa fundamental da condenação do seu próprio filho, conforme disciplina o art. 206 do Código de Processo Penal.[231]

> No entanto, ressalvados os casos de impossibilidade de fornecer documento que está na posse de outra pessoa e a necessidade de se preservar o núcleo familiar da obrigação de colaborar, não pode o delator deixar de fornecer informações de documentos que sejam relevantes à investigação, por ser ínsito à sua condição processual. Assim, esse descumprimento pode ensejar procedimento rescisório para verificar a sua gravidade e as suas consequências.

c) Destruição, adulteração ou supressão de provas

Trata-se de hipótese rescisória, não prevista em lei, que é sanção aplicável à prática de ato que é incompatível com o espírito do acordo. Se o particular celebrante praticar um desses atos previstos nessa cláusula, ele é tudo, menos colaborador das investigações.

Os termos aqui colacionados, "destruição", "adulteração" e "supressão", representam conduta comissiva do agente, o que pode denotar uma reprovabilidade maior do que a própria omissão. Aqui, além de não cumprir com o seu dever de colaborar, o agente está atrapalhando e prejudicando o devido andamento das investigações ou a própria instrução processual.

Diferentemente das outras hipóteses, a configuração da situação exposta nessa cláusula rescisória pode ensejar até mesmo a decretação de prisão preventiva, nos termos do art. 312 do CPP.

---

[231] SANZ, Eduardo; MERLIN, Luiz; CAVAGNARI, Rodrigo; NEUWERT, Thiago. Colaboração premiada: cláusulas não negociáveis. Análise de um caso concreto. *In*: CAVALCANTI, Fabiane da Rosa; FELDENS, Luciano; RUTTKE, Alberto (Org.). *Garantias Penais*. Estudos alusivos aos 20 anos de docência do professor Alexandre Wunderlich. Porto Alegre: Boutique Jurídica, 2019. p. 198.

No ponto, não se confunde a prisão preventiva baseada em destruição, adulteração ou supressão de provas, com a decretação da segregação cautelar como uma consequência automática do descumprimento do acordo. Coincidentemente, a conduta pode gerar os dois efeitos, a rescisão do pacto e a prisão preventiva, não sendo esta um efeito da revogação.

Sobre isso, por não ser causa legal da prisão preventiva, a jurisprudência tem rechaçado o decreto prisional cautelar em virtude do descumprimento do acordo.[232] Assim, "mesmo a falta de completude ou de verdade de suas declarações, que pode ser causa de rescisão do acordo ou de proporcional redução dos favores negociados, não pode ser considerada causa de risco ao processo ou à sociedade a justificar a prisão provisória".[233]

Como no exemplo em comento a mesma situação pode ensejar tanto a rescisão do acordo quanto uma eventual prisão preventiva, deve o magistrado ter o cuidado de não fundamentar eventual segregação cautelar pelo mero descumprimento do acordo, mas sim em virtude de o réu, que circunstancialmente é colaborador, ter destruído, adulterado ou suprimido provas, o que cria sérios embaraços para a instrução processual, nos termos do art. 312 do CPP.

d) Cometimento de outro crime doloso

Trata-se de hipótese rescisória que precisa ser mais bem-delimitada, para não correr o risco de generalidade, na linha de configuração da colaboração premiada em um "pacto para toda a vida", ou de violação à presunção de inocência.

Nesse sentido, torna-se mais adequado interpretar essa hipótese rescisória à luz do §18 do art. 4º da Lei nº 12.850/2013, que possui a seguinte redação: "O acordo de colaboração premiada pressupõe que

---

[232] "Ao que parece, prende-se porque não colaborou por completo, mais como punição do que por riscos presentes. Não sendo lícita a prisão, preventiva ou temporária, por descumprimento do acordo de colaboração premiada, tem-se efetivamente situação de ilegalidade". Trecho do voto do Min. Nefi Cordeiro, relator do HC.479.227/MG, STJ, Sexta Turma, julgado em 12/03/2019. No mesmo sentido: SUPREMO TRIBUNAL FEDERAL. *Habeas Corpus* 138.207. Relator Min. Edson Fachin, Segunda Turma, julgado em 25/04/2017.

[233] CALLEGARI, André Luís; LINHARES, Raul Marques. *Colaboração premiada*: lições práticas e teóricas – de acordo com a jurisprudência do Supremo Tribunal Federal. 2. ed. rev. e ampl. Porto Alegre: Livraria do Advogado, 2020. p. 172. De igual maneira: CARVALHO, Marilia Araújo Fontenele de. *Hipóteses resolutivas do acordo premial e sua ausência procedimental*. 73 f. 2021. Dissertação (Mestrado em Direito Constitucional) – Instituto Brasileiro de Ensino, Desenvolvimento e Pesquisa, Brasília, 2021. p. 62-63.

o colaborador cesse o envolvimento em conduta ilícita relacionada ao objeto da colaboração, sob pena de rescisão".

Como já dito em outras ocasiões neste trabalho, houve um avanço normativo no sentido de conter vaguezas e generalidades de cláusulas rescisórias, como o exemplo da hipótese em comento.

Assim, é importante delimitar que o acordo somente será rescindido pela prática de outro crime doloso se *i*) a prática tiver ocorrido após a celebração do acordo de colaboração premiada; *ii*) a nova conduta delitiva guardar relação com os fatos do objeto do acordo; *iii*) houver materialidade e indícios suficientes de autoria da prática do novo crime doloso.

É importante estabelecer esses critérios para garantir que a reiteração delitiva seja fundamentada na quebra da relação de confiança do acordo, evitando-se a rescisão por suspeitas de práticas de condutas que não se relacionam com o pacto. Assim, as considerações formuladas no tópico 2.3.2 deste trabalho se aplicam à hipótese rescisória em comento.

e) Fuga ou tentativa

A partir do momento em que é celebrado o acordo, o colaborador se obriga, perante os agentes estatais, a se manter disponível e a prestar depoimento ou esclarecer fatos sempre que necessário, conforme as disposições dos §§9º e 12 do art. 4º da Lei nº 12.850/2013, respectivamente: "Depois de homologado o acordo, o colaborador poderá, sempre acompanhado pelo seu defensor, ser ouvido pelo membro do Ministério Público ou pelo delegado de polícia responsável pelas investigações". E "ainda que beneficiado por perdão judicial ou não denunciado, o colaborador poderá ser ouvido em juízo a requerimento das partes ou por iniciativa da autoridade judicial". Discute-se, portanto, se, após a celebração do pacto, o colaborador tem um dever permanente de colaboração com as autoridades.[234]

Não há dúvidas que, enquanto colaborador, não pode o celebrante fugir das investigações e das ações penais decorrentes do seu acordo, o que ensejaria uma legítima causa rescisória e outras consequências processuais. Quanto a isso, não há maiores questionamentos.

---

[234] SILVA, Eduardo Araújo da. *Organizações criminosas*. Aspectos penais e processuais da Lei n. 12.850/13. São Paulo: Atlas, 2014. p. 57-58; VASCONCELLOS, Vinicius Gomes. *Colaboração premiada no processo penal*. 4. ed. São Paulo: Revista dos Tribunais, 2021. p. 232.

A controvérsia da cláusula reside nas suas hipóteses interpretativas diante desse dever permanente de colaboração.[235]

Assim, é importante limitar esse dever do colaborador de estar à disposição das autoridades à utilidade da sua participação, devendo sempre ser previamente intimado. Dessa forma, busca-se evitar o cenário em que o colaborador fica em uma indefinida e alongada pena provisória.[236] Desse modo, não pode a narrativa de tentativa de fuga caracterizar motivo de rescisão do acordo caso a realidade seja um eterno dever de colaboração, o que deve ser diagnosticado no caso concreto.

f) Quebra de sigilo do acordo

A cláusula em comento se insere no contexto de preservação do sigilo durante a colaboração, com o objetivo de evitar que haja um vazamento das informações discutidas no acordo de forma a prejudicar o andamento das investigações decorrentes da celebração de acordo de colaboração premiada e, até mesmo, resguardar o próprio colaborador.

Acredita-se que essa cláusula rescisória deva ser interpretada em consonância com o que já determina a Lei nº 12.850/2013 no seu art. 7º:

> Art. 7º O pedido de homologação do acordo será sigilosamente distribuído, contendo apenas informações que não possam identificar o colaborador e o seu objeto.
> §1º As informações pormenorizadas da colaboração serão dirigidas diretamente ao juiz a que recair a distribuição, que decidirá no prazo de 48 (quarenta e oito) horas.
> §2º O acesso aos autos será restrito ao juiz, ao Ministério Público e ao delegado de polícia, como forma de garantir o êxito das investigações, assegurando-se ao defensor, no interesse do representado, amplo acesso aos elementos de prova que digam respeito ao exercício do direito de

---

[235] Como exemplo de cláusula desse dever permanente do colaborador: "cooperar sempre que solicitado, mediante comparecimento pessoal a qualquer das sedes do MPF, da Polícia Federal ou da Receita Federal, para analisar documentos e provas, reconhecer pessoas, prestar depoimentos e auxiliar peritos na análise pericial" (cláusula 10, c, acordo na PET. 5.244 STF).

[236] "Do modo como atualmente se têm desenvolvido as colaborações, ficaria o colaborador na inaceitável condição processual de cumprir uma pena indefinidamente provisória – enquanto pendentes processos, em que se comprometeu a colaborar, poderia ter reconhecida sua falta de cumprimento do acordo e vir a serem reduzidos os favores da pena já muito antes definida. Não é possível essa criação de pena sob condição" (CORDEIRO, Nefi. *Colaboração premiada*: caracteres, limites e controles. Rio de Janeiro: Forense, 2019. p. 101). No mesmo sentido: VASCONCELLOS, Vinicius Gomes. *Colaboração premiada no processo penal*. 4. ed. São Paulo: Revista dos Tribunais, 2021. p. 232-233.

defesa, devidamente precedido de autorização judicial, ressalvados os referentes às diligências em andamento.

§3º O acordo de colaboração premiada e os depoimentos do colaborador serão mantidos em sigilo até o recebimento da denúncia ou da queixa-crime, sendo vedado ao magistrado decidir por sua publicidade em qualquer hipótese (Redação dada pela Lei nº 13.964, de 2019).

São necessárias algumas problematizações a respeito dessa cláusula. A primeira delas é que esse dever de sigilo do colaborador deve incidir enquanto perdurarem as investigações preliminares dos fatos objeto de acordo, ou seja, até a ação penal, uma vez que, a partir desse momento, o acordo se torna público e a regra deve ser sempre a publicidade dos atos processuais.[237]

Além disso, é importante que o procedimento rescisório verifique com cuidado a ocorrência da quebra de sigilo, principalmente se tal fato pode ser imputado ao colaborador. Também, na linha do que foi argumentado no segundo capítulo, deve-se observar a proporcionalidade da gravidade da informação vazada com a rescisão do acordo.

Como o sigilo também serve para proteger o próprio colaborador, é importante discutir a possibilidade de rescisão do acordo caso haja um descumprimento dessa natureza por parte do Estado. Por exemplo, quando houver vazamentos seletivos de informações sigilosas que podem comprometer a proteção do colaborador. Nesse ponto, como bem salientado por Renata Saraiva e Luiza Martins, "a questão é ainda mais delicada quando esses vazamentos nem sequer são apurados, tratando-se de forma bastante desleal e irretratável de ceifar do particular o próprio direito de desistir do negócio jurídico por ele voluntariamente firmado com o Estado".[238]

Assim, pela paridade de armas, é salutar que a presente cláusula rescisória seja possível de ser acionada pelas duas partes e, caso seja imputada ao Estado, possa o colaborador optar pela manutenção dos benefícios acordados.

---

[237] CORDEIRO, Nefi. *Colaboração premiada*: caracteres, limites e controles. Rio de Janeiro: Forense, 2019. p. 41.

[238] SARAIVA, Renata Machado; MARTINS, Luiza Farias Retratação e rescisão dos acordos de colaboração premiada: apontamentos e preocupações. *In*: CAVALCANTI, Fabiane da Rosa; FELDENS, Luciano; RUTTKE, Alberto (Org.). *Garantias Penais*. Estudos alusivos aos 20 anos de docência do professor Alexandre Wunderlich. Porto Alegre: Boutique Jurídica, 2019. p. 543.

g) Descumprimento de qualquer dispositivo do acordo

A respeito dessa cláusula, pode-se dizer que ela incorre nas críticas expostas neste trabalho no tópico 2.5, que discute a necessidade de se adotarem critérios de verificação do grau de descumprimento, a fim de preservar o negócio jurídico firmado e impedir que inadimplementos pontuais, menos relevantes, ensejem a revogação da avença. Essa cláusula é um exemplo dos riscos tratados naquele tópico, ao qual se remete para fins de crítica a essa previsão no que se refere ao adimplemento substancial das obrigações cumpridas pelo colaborador e que necessitam da manutenção do acordo.

É natural que todos os dispositivos do acordo devem ser cumpridos, mas nem sempre o inadimplemento de algum deles deve acarretar a rescisão. Por isso, há a necessidade de um procedimento próprio para verificar a dimensão daquilo que não foi adimplido e os impactos gerados nos resultados da obrigação acordada.

Deve-se impedir, também, que se interprete como descumprimento do acordo o exercício do direito de defesa pelo colaborador. Para ter a sua colaboração garantida, não deve o delator ser obrigado a concordar com todas as manifestações da acusação no curso da sua ação penal nem pode ele ser cerceado do seu direito recursal e de impugnar aquilo que não representa a sua visão dos fatos. Até porque, salvo o benefício da não imputação penal, o magistrado fará um juízo de culpabilidade da sua conduta.

Dessa forma, essa cláusula revela-se bastante tormentosa, por delegar exclusivamente à discricionariedade do Ministério Público o juízo de valor sobre o descumprimento, sem quaisquer critérios objetivos. Ressalta-se que uma cláusula rescisória tão ampla como essa dificulta sobremaneira a própria defesa do colaborador da imputação de ter descumprido o acordo.

3.3 Apresentação de proposta legislativa

Como ponto final do trabalho, tem-se como objetivo a apresentação de uma proposta de *lege ferenda*, visando ao aperfeiçoamento do sistema normativo acerca da rescisão do acordo de colaboração premiada. O projeto apresentado a seguir almeja trazer ideias para o debate que possam dar maior segurança jurídica e proteção ao jurisdicionado, de modo que suas garantias constitucionais sejam observadas no curso de eventual rescisão. Ao mesmo tempo, busca-se, também, conferir parâmetros de atuação para o próprio Ministério Público, com vistas a gerar previsibilidade e que os objetivos legítimos do instituto da colaboração premiada sejam atingidos sem colocar em risco as garantias constitucionais aplicáveis ao processo penal.

Obviamente, o projeto a seguir exposto não está imune de eventuais omissões sobre os pontos do tema, haja vista sua complexidade e os desafios impostos pela realidade fática, que, a todo momento, suscitam dúvidas da sua aplicação.

Feitas tais considerações, parte-se da ideia de que, assim como as tratativas, a rescisão também merece dispositivos legais próprios, levando-se em conta sua importância e a necessidade de maior regulação. Assim, por mera disposição topográfica e por acreditar que se ganha em eficácia normativa, sugere-se a revogação dos §§17 e 18 do art. 4º da Lei nº 12.850/2013, para que os temas ali tratados estejam previstos em artigos próprios, que aqui se propõem como 4º-B; 4º-C; 4º-D; 4º-E e 4º-F,[239] que foi o mesmo raciocínio adotado pelo legislador ao, por meio da Lei nº 13.964/2019, disciplinar as tratativas do acordo nos dispositivos previstos nos artigos 3º-B e 3º-C. A proposta de cada dispositivo será acompanhada das devidas justificativas do trabalho.

> Art. 4º-B – A rescisão do acordo de colaboração premiada tem como premissa o descumprimento de uma das partes. Constituem hipóteses de rescisão do acordo de colaboração premiada por fatos imputados ao colaborador:
> I – Omissão dolosa de fato criminoso ou informação investigativa, superveniente à homologação, relacionados ao objeto da colaboração premiada e de conhecimento do colaborador.
> II – Reiteração delitiva em crime doloso relacionado aos fatos do objeto do acordo, ou inserção do colaborador em nova associação ou organização criminosa.
> §1º - Caso se constate que a informação omitida, nos termos do inciso I, era de conhecimento do colaborador quando da celebração do pacto e que viciou a manifestação de vontade estatal, poderá o Ministério Público requerer a anulação do termo, com a manutenção das provas obtidas.
> §2º - Considera-se, nos termos do inciso II, para verificação de relação do novo crime com os fatos objeto da colaboração, a existência de provas de materialidade e indícios de autoria de que o novo fato foi praticado

---

[239] Por consequência, o atual artigo 4º seria modificado para 4º-A.

por mesma organização criminosa; ou similaridade da conduta delitiva; ou ofensa aos mesmos bens jurídicos.

§3º - É vedada a estipulação de cláusulas rescisórias manifestamente genéricas e indeterminadas ou relacionadas a atos que dependam de terceiros".

Justificativa:

A proposta apresentada por meio da criação do art. 4º-B decorre das considerações formuladas nos tópicos 2.3.1 e 2.3.2 deste trabalho e da intenção de distinguir a rescisão – que deve ser baseada no descumprimento do colaborador, da análise de eficácia e retorno do delator –, o que deverá ser levado em consideração no momento da sentença da ação penal, para o juiz decidir se manterá os benefícios no patamar acordado ou se concederá prêmios mais favoráveis. Assim, o procedimento aqui sugerido somente é aplicável à primeira hipótese.

Buscou-se aqui uma delimitação do conceito e dos critérios de verificação da omissão dolosa, buscando limitar a discricionariedade do agente estatal postulante da rescisão. Assim, ao exigir a necessidade de comprovação do vínculo do fato criminoso omitido – ou de alguma informação relevante – com o objeto da colaboração premiada, insere-se no contexto estipulado pela lei que, "no acordo de colaboração premiada, o colaborador deve narrar todos os fatos ilícitos para os quais concorreu e que tenham relação direta com os fatos investigados" (art. 3º-C). Também, para a incorrência da omissão e a sua configuração dolosa, deve-se exigir a demonstração de conhecimento da ilicitude.

O §1º tenta solucionar a tênue diferença entre anulação e rescisão, por conta de eventual omissão do colaborador. Assim, buscou-se fazer tal distinção em função da delimitação do momento em que ela se deu: se depois ou antes da celebração do acordo.

Em relação à nova prática delitiva pelo colaborador, buscou-se compatibilizar a sua garantia constitucional à presunção de inocência com a manutenção da confiabilidade do pacto. Assim, tentou-se exigir um *standard* mínimo de demonstração da suposta nova prática delitiva que seja apta a configurar a quebra do acordo, consubstanciado na prova de materialidade e indícios de autoria de que o fato foi praticado por mesma organização criminosa, ou similaridade de conduta delitiva, ou ofensa aos mesmos bens jurídicos. Ressalta-se que a tentativa foi de conferir uma redação com critérios objetivos para a hipótese rescisória de reiteração delitiva, para não incorrer nos mesmos questionamentos existentes sobre causa rescisória semelhante verificada no âmbito da suspensão condicional do processo.

Por meio da sugestão de redação do §3º, tenta-se mitigar os efeitos da possibilidade de os acordos estipularem cláusulas rescisórias que não estão previstas em lei ao vedar a previsão de cláusulas rescisórias genéricas e indeterminadas, como "descumprimento de qualquer cláusula prevista no acordo".

Além disso, buscou-se evitar que os acordos estipulem cláusulas similares a "recusa a entregar documento em seu poder ou sob sua guarda de pessoa de suas relações ou sujeita à sua autoridade ou influência, que foi comentada no item "b" do tópico 3.2 deste trabalho. Serve como mais uma tentativa de limitação legal dos espaços de consenso na previsão de cláusulas rescisória.

> Art. 4º-C – A verificação da rescisão será dividida em dois procedimentos judiciais:
> I – Procedimento rescisório preliminar
> II – Procedimento rescisório instrutório.

Justificativa:
Buscou-se dividir as etapas procedimentais da rescisão em duas, de forma a ampliar o contraditório e, ao mesmo tempo, oferecer alternativas para a manutenção do acordo. Além disso, com a proposta de que ambos tramitem judicialmente, tentou-se assegurar a efetiva tutela jurisdicional das garantias constitucionais do colaborador. Ao mesmo tempo, como se verá a seguir, visou-se evitar que o juízo participasse das tratativas de eventual repactuação, vedação similar à já existente no art. 4º, §6º, da Lei nº 12.850/2013.[240]

Os dois procedimentos se diferenciam por conta de o primeiro ser mais célere e estimular uma solução acordada das duas partes, assim como oportunizar que o colaborador quite com as obrigações descumpridas; enquanto o segundo se volta à análise das provas da ocorrência da rescisão e que deve ser guiado pela ampla defesa e pela presunção de inocência no julgamento do pleito rescisório.

---

[240] "O juiz não participará das negociações realizadas entre as partes para a formalização do acordo de colaboração, que ocorrerá entre o delegado de polícia, o investigado e o defensor, com a manifestação do Ministério Público, ou, conforme o caso, entre o Ministério Público e o investigado ou acusado e seu defensor."

Objetiva-se, também, que o procedimento seja perfeitamente aplicável aos acordos que tenham sido celebrados após a sentença penal condenatória ou no curso da própria execução penal.

> Art. 4º-D – Constatada a suspeita de caracterização de hipótese rescisória imputada ao colaborador, independente da natureza do benefício, o Ministério Público, acompanhado de provas da sua alegação, comunicará o fato ao Juízo que homologou o acordo, para instauração de procedimento rescisório preliminar, que será autuado em apartado.
> §1º – Recebida a comunicação, o Juízo deverá abrir vista ao colaborador para, no prazo de 10 (dez) dias, esclarecer os fatos ou informar que irá adimplir espontaneamente com as obrigações que foram apontadas como descumpridas pelo Ministério Público em no máximo 30 (trinta) dias, contados da sua manifestação defensiva.
> §2º – Após a manifestação da defesa, se não houver o cumprimento espontâneo da obrigação questionada, o Juízo designará audiência preliminar, na qual, após considerações orais das partes, poderá decidir:
> I – Pelo arquivamento do procedimento preliminar rescisório.
> II – Pela suspensão do procedimento preliminar pelo prazo de 30 (trinta) dias para as partes, em conjunto, apresentarem proposta de repactuação do acordo.
> III – Pela instauração de procedimento rescisório instrutório.
> §3º – O magistrado não participará das reuniões de tratativas para repactuação, devendo-se observar as regras previstas no art. 3º-C desta Lei.
> §4º – Apresentada a proposta de repactuação, o magistrado deverá fazer um novo juízo de homologação, nos termos do art. 4º, §7, desta Lei.
> §5º – Deve-se arquivar o procedimento preliminar caso:
> I – O Ministério Público concorde com as explicações fornecidas pelo colaborador;
> II – O colaborador reconheça espontaneamente o seu inadimplemento e quite as suas obrigações.
> III – Não tenha sido a proposta de repactuação homologada pelo Juízo.
> IV – As alegações contidas na comunicação do Ministério Público não constituam hipótese rescisória cabível e em conformidade com a legislação.
> §6º – A instauração do procedimento rescisório instrutório é uma consequência do juízo negativo de arquivamento, não podendo a decisão adentrar ao mérito das alegações do Ministério Público pela rescisão.

Justificativa:
Logo de início, buscou-se aqui superar o debate da necessidade de procedimento rescisório independente da natureza do benefício

acordado, uma vez que não só o colaborador que recebeu o benefício da não imputação penal pode ter a sua defesa comprometida com eventual revogação.

Optou-se pela necessidade de que o procedimento rescisório tramite perante o juízo que homologou o acordo. Como o pacto pode originar diversos processos criminais, que podem tramitar em juízos distintos, evita-se que o julgador da ação penal se contamine com as alegações de descumprimento do pacto. Além disso, ao concentrar as discussões da rescisão perante o juízo que homologou, evita-se a instauração de diversos procedimentos da mesma natureza e a ocorrência de decisões conflitantes.

Naturalmente, esse esforço não consegue abarcar as situações nas quais tramitam ações penais decorrentes da colaboração perante o próprio juízo que homologou o acordo. Nesses casos, deve-se mitigar os riscos de eventual contaminação com previsões legais diferenciando os objetos e delimitando os seus efeitos. Esse mesmo objetivo também se manifesta com a sugestão de que o procedimento rescisório tramite em apartado.

Visou-se, também, assegurar o contraditório desde o início do procedimento preliminar. Como o objetivo deste é buscar garantir a higidez do acordo e sanar os eventuais descumprimentos, oportuniza-se ao colaborador explicar os fatos arguidos pelo Ministério Público, ou, caso reconheça a sua inadimplência, poder quitá-la espontaneamente sem que o pacto seja questionado. Por isso a sugestão prevista no §1º.

Como o procedimento preliminar visa celeridade bem como resolver a questão antes de uma eventual instrução, conferiu-se pelo projeto a ideia de uma realização de audiência preliminar, calcada na oralidade, para que nela as partes possam se entender ou repactuar a avença. Buscou-se, aqui, conferir ao magistrado a necessidade de realizar um filtro de admissibilidade para que não se rescinda o acordo em qualquer hipótese e, ao mesmo tempo, permita que as partes dialoguem, sem a sua participação, sobre a possibilidade de uma eventual repactuação.

Como a repactuação, na prática, resulta em nova avença, acredita-se ser necessário que o juízo adote a mesma postura homologatória quando do acordo inicial. Daí a remissão ao dispositivo que regula o papel do juiz na homologação do acordo. Como este ato necessita de verificação da adequabilidade do acordo ao ordenamento jurídico, estipulou-se que, caso não esteja em consonância, não deve haver a homologação e, consequentemente, o procedimento deve ser arquivado. A falta de zelo do Estado na confecção da repactuação não pode permitir que se submeta o acusado a um procedimento rescisório.

Em relação aos outros casos de arquivamento, caso haja uma concordância entre as partes nas situações previstas nos incisos I e II, verifica-se que a contenda conseguiu ser solucionada no próprio procedimento preliminar, não havendo a necessidade de instauração do instrutório, razão pela qual deve ser arquivado.

Apontou-se para a necessidade de o Judiciário, assim que provocado, coibir a instauração de procedimento rescisório a respeito de cláusula manifestamente inconstitucional ou ilegal, sendo o arquivamento medida para tanto.

Por fim, almejando atender à delimitação idealizada do procedimento preliminar, buscou-se impedir que a eventual instauração de procedimento instrutório configure uma antecipação do juízo sobre as provas acerca da rescisão sem que houvesse o prévio contraditório. Desse contexto decorre a previsão formulada no §6º.

Remete-se, também, ao tópico 2.4 deste trabalho a respeito das considerações sobre os problemas atuais gerados em virtude de não se ter uma regulação procedimental da rescisão do acordo de colaboração premiada.

> Art. 4º-E – Instaurado o procedimento rescisório, o juiz abrirá vista ao Ministério Público para, no prazo de 10 (dez) dias, complementar a sua manifestação prevista no art. 4º-D, podendo arrolar testemunhas e indicar as provas que pretende produzir.
> §1º – Após a manifestação do Ministério Público, a defesa será intimada para, no mesmo prazo, apresentar resposta, arrolar testemunhas e indiciar outras provas que pretende produzir.
> §2º – Se não houver outras provas que não seja a testemunhal, o juiz designará audiência de instrução.
> §3º – Ao final da audiência, após ouvidas as testemunhas e interrogado o colaborador, as partes poderão requerer diligências complementares, cujo pedido será decidido pelo juiz no ato.
> §4º – Após a audiência e a realização de diligências complementares, o juiz abrirá vista para a acusação e defesa, sucessivamente, para, no prazo de 15 (quinze) dias cada, apresentar alegações finais por escrito.
> §5º – Após a apresentação de alegações finais pelas partes, o juiz proferirá sentença, podendo:
> I – Indeferir o pedido de rescisão por conta de:
> a) Inexistência de configuração da hipótese rescisória;

b) Não ser a hipótese rescisória permitida pelo ordenamento;
c) Falta de provas de configuração da hipótese rescisória;
d) O colaborador ter adimplido a obrigação, ainda que posteriormente;
e) Cumprimento substancial do acordo.
II – Deferir o pedido de rescisão, caso, para além de qualquer dúvida razoável, haja elementos suficientes de que o colaborador incorreu em hipótese rescisória prevista em lei ou permitida pelo ordenamento.
§6º – É cabível recurso de apelação em face da sentença, sendo que, em caso de recurso defensivo, este terá efeito suspensivo.
§7º – A qualquer momento, as partes poderão apresentar proposta conjunta de repactuação, que deverá ser homologada pelo juízo, o que levará à extinção do feito.
§8º – É vedado ao juiz motivar o deferimento da rescisão do acordo de colaboração premiada com fundamentos que dizem respeito ao próprio mérito da ação penal.
§9º – Considera-se como cumprimento substancial aquele que não inviabilizou a obtenção dos objetivos do acordo.
§10 – Instaurado o procedimento rescisório instrutório, o juiz de cada ação penal em tramitação, relacionada ao acordo em discussão, será comunicado e deverá determinar a suspensão do processo em relação ao colaborador até o julgamento em definitivo do pleito rescisório, e a suspensão da prescrição pelo prazo de até 1(um) ano, prorrogável por igual período.

Justificativa:

Por meio do procedimento rescisório instrutório, buscou-se assegurar o contraditório, permitindo que as partes possam produzir provas da sua alegação e, a todo o momento, com a previsão da devida tutela jurisdicional. Além disso, almejou-se a criação de *standards* mínimos que possam subsidiar o juiz na formação do seu convencimento.

Nesse contexto, logo de início, é possível verificar a presença do contraditório na manifestação do Ministério Público e na resposta defensiva; na possibilidade de produção de provas e de requerimento de diligências complementares; na ordem de oitiva de testemunhas e do interrogatório do colaborador e na ordem de apresentação de alegações finais.

Ademais, teve-se o cuidado de tutelar a presunção de inocência ao assegurar que o *in dubio pro reo* leve à necessidade de manutenção do acordo caso haja dúvidas da sua configuração ou ausência de provas suficientes. Nesse mesmo contexto, o referido princípio também é aplicado ao se exigir que a decisão pela rescisão só seja tomada na verificação da configuração de suas hipóteses acima de qualquer dúvida razoável.

A presunção de inocência também é assegurada na medida em que não se muda o tratamento processual dispensado ao colaborador caso ele apele da sentença que determinou a rescisão do seu acordo.

Dentro das limitações naturais da impossibilidade de a lei prever todas as hipóteses rescisórias, buscou-se impedir a rescisão por conta de alguma cláusula que não seja compatível com o ordenamento jurídico.

Buscou-se garantir, também, a higidez do acordo em caso de cumprimento substancial das obrigações, que deve ser aferido em virtude da obtenção dos objetivos do pacto (§9º). Nessa mesma linha de preservação do acordo, autoriza-se às partes, a qualquer tempo, apresentar conjuntamente proposta de repactuação, ficando esta condicionada à homologação do juízo.

Em virtude do cuidado que se deve ter de que o procedimento rescisório não constitua uma antecipação do julgamento do mérito da ação penal, sugere-se a vedação (§8º) do magistrado de fundamentar a sua decisão com base em argumentos que digam respeito ao mérito da ação penal.

A proposta do artigo em comento também teve a preocupação de suspender o prazo prescricional enquanto tramita o procedimento rescisório instrutório. Como as provas da rescisão do acordo são mantidas ao processo, optou-se por suspender a ação penal somente em face do colaborador, uma vez que o corréu delatado não é afetado pela revogação do acordo causada pelo delator.

> Art. 4º-F – Após a rescisão do acordo, o ex-colaborador poderá se retratar da confissão realizada.
> Parágrafo único – As provas produzidas pelo acordo rescindido permanecem válidas.

Justificativa:

A ideia trazida por esse dispositivo é fruto das considerações formuladas no tópico 2.6 deste trabalho. Na linha dos entendimentos doutrinário e jurisprudencial, a rescisão do acordo de colaboração premiada não deve afetar os corréus, já que não houve anulação da avença, razões pelas quais as provas devem permanecer válidas.

No entanto, como a rescisão não pode significar qualquer juízo de culpabilidade do colaborador sobre as ações penais pelas quais responde, deve o colaborador que teve o seu acordo rescindido ter o direito de se retratar da confissão.

CONCLUSÃO

O presente trabalho teve como objetivo apresentar os conflitos gerados pelas lacunas normativas da rescisão do acordo de colaboração premiada com as garantias constitucionais aplicáveis ao processo penal, em especial a presunção de inocência, o contraditório e a inafastabilidade da tutela jurisdicional.

Verificou-se que a insegurança jurídica relacionada à rescisão do acordo de colaboração premiada está intimamente ligada ao cenário de estipulação de cláusulas obrigacionais genéricas. Além disso, faltam critérios normativos que possam balizar quando será o caso de rescisão ou de repactuação do acordo.

No entanto, mais do que apontar os vazios, o trabalho tentou apresentar soluções interpretativas para evitar os tensionamentos gerados com os direitos fundamentais. E, acreditando que o Poder Legislativo exerce papel de protagonismo, trouxe também uma proposta de *lege ferenda*, visando ao aperfeiçoamento normativo do tema.

Assim, busca-se agora sintetizar as respostas aos seguintes questionamentos: a) De que maneira pode-se interpretar as garantias fundamentais da presunção de inocência, do contraditório e da reserva de jurisdição para a solução das lacunas normativas existentes acerca das hipóteses, do procedimento e dos efeitos da rescisão do acordo de colaboração premiada? b) Quais as mudanças legislativas possíveis e necessárias para o aperfeiçoamento normativo do tema?

Sobre a presunção de inocência, ela contribui para a defesa do colaborador da imputação de descumprimento do acordo ao transferir a carga probatória para o Ministério Público, exigindo que este demonstre: i) que o delator omitiu, dolosamente, fato ou informação relevante que gerou prejuízos à investigação, sendo que o colaborador tinha potencial conhecimento da antijuridicidade do fato que sonegou dos agentes estatais; ii) que o colaborador, após a celebração da avença, incorreu em reiteração delitiva relacionada com o fato da investigação originária ao acordo, o que pode ser demonstrado pela existência de provas de materialidade e indícios de autoria de permanência do vínculo do colaborador com práticas criminosas da organização criminosa investigada.

Os princípios do contraditório e da reserva de jurisdição, por sua vez, devem assegurar que o colaborador confronte as acusações de que descumpriu a avença, produzindo provas perante o juízo, em procedimento próprio e independente, o que também se relaciona com a própria presunção de inocência, uma vez que impede que o juízo rescisório se confunda com o juízo de culpabilidade da ação penal.

Acerca dos efeitos probatórios da rescisão do acordo de colaboração premiada em face do colaborador e do delatado, apontou-se a necessidade de se diferenciar a retratação da rescisão, de modo a permitir que esta enseje a manutenção do material probatório produzido, podendo o colaborador, em caso de revogação, se retratar apenas da confissão. No entanto, mesmo que tenha o acordo rescindido, deve a acusação se valer de provas independentes da própria colaboração premiada para pleitear a condenação do colaborador, uma vez que, respaldado pela garantia da presunção de inocência, só poderá ser condenado por provas acima de qualquer dúvida razoável.

Diante desse cenário, foram propostas mudanças legislativas que visam estipular os critérios apontados pelas soluções interpretativas quanto à delimitação das hipóteses rescisórias de omissão dolosa e reiteração delitiva. Buscou-se, também, estimular a manutenção do acordo, por meio do adimplemento espontâneo do colaborador ou da repactuação entre as partes.

Uma das tentativas de contribuição das considerações de *lege ferenda* foi a tentativa de criação de procedimento judicial rescisório específico, com a produção de provas e a sugestão de critérios para a fundamentação de uma decisão rescisória.

Procurou-se destacar neste trabalho a importância de se dar um tratamento constitucional para a rescisão do acordo de colaboração premiada, diante dos riscos de cláusulas rescisórias inconstitucionais. Para tanto, Judiciário e Legislativo possuem um papel de destaque na criação de práticas que permitam a efetividade dos direitos fundamentais no tema da rescisão do pacto.

REFERÊNCIAS

ANDRADE, Flávio S. *Justiça Penal Consensual*. Salvador: JusPodivm, 2019.

ARAS, Vladimir. Rescisão da decisão de homologação de acordo de colaboração premiada. *In*: GOMES; Silva; MANDARINO (Org.). *Colaboração Premiada*. Belo Horizonte: D'Plácido, 2018.

BACHMAIER, Lorena. Justiça negociada e coerção: reflexões à luz da jurisprudência do Tribunal Europeu de Direitos Humanos. *In*: GLOECKNER, Ricardo Jacobsen. (Org.) *Plea Bargaining*. São Paulo: Empório do Direito e Tirant Lo blanch, 2019.

BADARÓ, Gustavo H. Editorial dossiê "Prova penal: fundamentos epistemológicos e jurídicos". *Revista Brasileira de Direito Processual Penal*, Porto Alegre, vol. 4, n. 1, p. 43-80, jan./abr. 2018.

BADARÓ, Gustavo Henrique Righi Ivahy. **Ônus da prova no Processo Penal**. São Paulo: Revista dos Tribunais, 2003.

BARROSO, Luis Roberto. *O Direito Constitucional e a Efetividade de suas Normas*. 5. ed. Rio de Janeiro: Renovar, 2001.

BITTAR, Walter B. *Delação Premiada*. 3. ed. São Paulo: Tirant, 2020.

BITTENCOURT, Cezar Roberto. *Tratado de Direito Penal*: Parte geral. 22. ed. São Paulo: Saraiva, 2016.

BOTTINI, Pierpaolo Cruz. A homologação e a sentença na colaboração premiada na ótica do STF. In: BOTTINI, Pierpaolo Cruz; MOURA, Maria Thereza de Assis (Org.). *Colaboração Premiada*. São Paulo: Revista dos Tribunais, 2017.

BRANDALISE, Rodrigo da Silva. *Justiça penal negociada*: negociações de sentença criminal e princípios processuais relevantes. Curitiba: Juruá, 2016.

BRANDÃO, Cláudio. *Curso de Direito penal*: Parte Geral. Rio de Janeiro: GEN-Forense, 2008.

BRITO, Michelle Barbosa de. *Delação premiada e decisão penal*: da eficiência à integridade. Belo Horizonte: D'Plácido, 2016.

BRITTO, Carlos Ayres; BASTOS, Celso Ribeiro. *Interpretação e Aplicação das Normas Constitucionais*. São Paulo: Saraiva, 1982.

BUSATO, Paulo César. *Direito Penal*: Parte Geral. 2. ed. São Paulo: Atlas, 2015.

CABRAL, Antonio P. Acordos processuais no processo penal. *In*: CABRAL, Antonio P.; PACELLI, Eugênio; CRUZ, Rogério S. (Coord.). *Coleção Repercussões do novo CPC*. V. 13, Processo Penal. Salvador: JusPodivm, 2016.

CALLEGARI, André Luís; LINHARES, Raul Marques. *Colaboração premiada*: Lições práticas e teóricas. 2. ed. Porto Alegre: Livraria do Advogado, 2020.

CANOTILHO, J. J. Gomes; BRANDÃO, Nuno. Colaboração premiada: reflexões críticas sobre os acordos fundantes da Operação Lava Jato. *Revista Brasileira de Ciências Criminais*, São Paulo, v. 133, ano 25, p. 133-171, jul. 2017.

CANOTILHO, J. J. Gomes; MENDES, Gilmar Ferreira; SARLET, Ingo Wolfang; STRECK, Lenio Luiz (Org.). *Comentários à Constituição do Brasil*. São Paulo: Saraiva Educação, 2018. (Série IDP)

CAPEZ, Rodrigo. A sindicabilidade do acordo de colaboração premiada. *In*: BOTTINI, Pierpaolo Cruz; MOURA, Maria Thereza de Assis (Org.). *Colaboração Premiada*. São Paulo: Revista dos Tribunais, 2017.

CARVALHO, Luis Gustavo Grandinetti Castanho de. *Processo Penal e Constituição*. Princípios Constitucionais do Processo Penal. 6. ed. São Paulo: Saraiva, 2014.

CARVALHO, Marilia Araújo Fontenele de. *Hipóteses resolutivas do acordo premial e sua ausência procedimental*. 73 f. 2019. Dissertação (Mestrado em Direito Constitucional) – Instituto Brasileiro de Ensino, Desenvolvimento e Pesquisa, Brasília, 2019.

CARVALHO, Salo; LIMA, Camile Eltz de. Delação premiada e confissão: filtros constitucionais e adequação sistemática. *In*: PINHO, Ana C. Bastos de; GOMES, Marcus A. de Melo (Coord.). *Ciências criminais*: articulações críticas em torno dos 20 anos da Constituição da República. Rio de Janeiro: Lumen Juris, 2009.

CASARA, Rubens R. R. O acordo para aplicação da pena: novas considerações acerca da verdade e do consenso no processo penal brasileiro. *In*: COUTINHO, Jacinto de Miranda; CARVALHO, Luis Gustavo Grandinetti. *O novo processo penal à luz da Constituição*: análise crítica do projeto de Lei nº 156/2009 do Senado Federal. Rio de Janeiro: Lumen Juris, 2011. v. 2.

CORDEIRO, Nefi. *Colaboração premiada*: caracteres, limites e controles. Rio de Janeiro: Forense, 2019.

COSTA, Leonardo Dantas. *Delação Premiada*: A atuação do Estado e a relevância da voluntariedade do colaborador com a Justiça. Curitiba: Juruá, 2017.

CUNHA JUNIOR, Dirley da. *Controle Judicial das Omissões do Poder Público*: em busca de uma dogmática constitucional transformadora à luz do direito fundamental à efetivação da Constituição. São Paulo: Saraiva, 2004.

DE-LORENZI, Felipe da Costa. *Justiça negociada e fundamentos do direito penal*: pressupostos e limites materiais para os acordos sobre a sentença penal no Brasil. 2020. Tese (Doutorado em Ciências Criminais) – Faculdade de Direito, Pontifícia Universidade Católica do Rio Grande do Sul, Porto Alegre, 2020.

DERVAN, Lucian E.; EDKINS, Vanessa. The Innocent Defendant's Dilemma: An Innovative Empirical Study of Plea Bargaining's Innocence Problem. *Journal of Criminal Law and Criminology*, v. 103, n. 1, p. 1-48, maio 2012.

DIDIER JR., Fredie; BOMFIM, Daniela. Colaboração premiada (Lei n. 12.850/2013): natureza jurídica e controle da validade por demanda autônoma –um diálogo com o Direito Processual Civil. *Civil Procedure Review*, v. 7, n. 2, p. 135-189, maio/ago. 2016.

DIMOULIS, Dimitri; MARTINS, Leonardo. *Teoria Geral dos Direitos Fundamentais*. São Paulo: Revista dos Tribunais, 2007.

DINAMARCO, Cândido Rangel. *Instituições de Direito Processual Civil*. 6. ed. Vol. III. São Paulo: Malheiros Editores, 2009. p. 272-274, item n. 936.

FERNANDES, Antonio Scarance. *Teoria geral do procedimento e o procedimento no processo penal*. São Paulo: Revista dos Tribunais, 2005.

FERNANDEZ SEGADO, Francisco. El control de constitucionalidad de las omisiones legislativas: algunas cuestiones dogmáticas. *Estudios Constitucionales*, Santiago, v. 7, n. 2, p. 13-69, 2009.

GIACOMOLLI, Nereu José. *O devido processo penal. Abordagem conforme a CF e o Pacto de São José da Costa Rica*. São Paulo: Atlas, 2016.

GOMES, Luiz Flávio. *Suspensão condicional do Processo Penal*. 2. ed. São Paulo: RT, 1997.

GRINOVER, Ada Pellegrini *et al*. *Juizados Especiais Criminais*. São Paulo: RT, 1995.

HOMMERDING, Adalberto; Lyra, José. *Direito Penal e Hermenêutica*: uma resposta constitucional ao estado de exceção. Curitiba: Juruá, 2016.

JARDIM, Afrânio Silva. Acordo de cooperação premiada: quais são os limites? *Revista Eletrônica de Direito Processual*, Rio de Janeiro, ano 10, v. 17, n. 1. p. 2-6, jan./jun. 2016.

KAUFMANN, Rodrigo de Oliveira. Mandado de Injunção como Poder. *In*: MENDES, Gilmar, VALE, André Rufino do, QUINTAS, Fábio Lima (Org.). *Mandado de Injunção, Estudos sobre sua regulamentação*. São Paulo: Saraiva, 2013.

LANGBEIN, John H. Torture and Plea Bargaining. *The University of Chicago Law Review*, vol. 46, n. 1, p. 3-22, 1978.

LANGER, Máximo. Plea bargaining, trial-avoiding conviction mechanisms, and the global administratization of criminal convictions. *Annu. Rev. Criminol*, 2019.

LEITE, Alaor. *Dúvida e Erro sobre Proibição no Direito Penal*: a atuação nos limites entre o permitido e o proibido. 2. ed. São Paulo: Atlas, 2014.

LEITE, Rosimeire Ventura. *Justiça Consensual e Efetividade do Processo Penal*. Belo Horizonte: Del Rey, 2013.

MADURO, Andre Mirza. *Direito de acesso aos autos como requisito informativo durante as negociações de colaboração premiada*: uma análise à luz do processo justo (*fair trial*). 145 f. 2020. Dissertação (Mestrado em Direito Constitucional) – Instituto Brasileiro de Ensino, Desenvolvimento e Pesquisa, Brasília, 2020.

MALAN, Diogo Rudge. Sobre a condenação sem julgamento prevista no projeto de reforma do CPP (PLS n. 156/09). *Boletim IBCCRIM*, ano 17, n. 207, p. 2-3, fev. 2010.

MENDES, Gilmar Ferreira; BRANCO, Paulo Gustavo Gonet. *Curso de Direito Constitucional*. 15. ed. São Paulo: Saraiva, 2020.

MENDONÇA, Andrey B. Os benefícios possíveis na colaboração premiada: entre a legalidade e a autonomia da vontade. *In* MOURA, Maria Thereza A.; BOTTINI, Pierpaolo C.(Coord.). *Colaboração Premiada*. São Paulo: RT, 2017.

MENDONÇA, Andrey Borges de; DIAS, Fernando Lacerda. A renúncia ao direito recursal em acordo de colaboração premiada. *In*: SIDI, Ricardo; Lopes, Anderson Bezerra (Org.). *Temas atuais da investigação preliminar no processo penal*. Belo Horizonte: D'Plácido, 2017.

MENDRONI, Marcelo Batlouni. *Comentários à Lei de Combate ao Crime Organizado*. Lei n. 12.850/13. São Paulo: Atlas, 2014.

MORAES, Alexandre de. *Direitos Humanos Fundamentais*: Teoria Geral. 11. ed. São Paulo: Atlas, 2016.

NARDELLI, Marcella A. M. Presunção de inocência, standard de prova e racionalidade das decisões sobre os fatos no processo penal. *In*: SANTORO, E. R.; MALAN, D. R.; MADURO, F. M. (Org.). *Crise no Processo Penal Contemporâneo*. Belo Horizonte: D'Plácido, 2018. p. 289-309.

PACELLI, Eugênio. *Curso de Processo Penal*. 20. ed. São Paulo: Atlas, 2016.

PEREIRA, Frederico Valdez. *Delação Premiada*: legitimidade e procedimento. 4. ed. Curitiba: Juruá, 2019.

PIOVESAN, Flávia. *Proteção judicial contra omissões legislativas*. São Paulo: Revista dos Tribunais, 1995.

PRADO, Geraldo. Campo jurídico e capital científico: o acordo sobre a pena e o modelo acusatório no Brasil – a transformação de um conceito. *In*: PRADO, Geraldo; MARTINS, Rui Cunha. LOPES JUNIOR, Aury. *Fundamentos do Processo Penal*: introdução crítica. 3. ed. São Paulo: Saraiva, 2017. p. 174-187.

ROSA, Alexandre Morais da. *Para entender a delação premiada pela Teoria dos Jogos*: táticas e estratégias do negócio jurídico. Florianópolis: EModara, 2018.

SÁNCHEZ-VERA GÓMEZ-TRELLES, Javier. *Variaciones sobre la presunción de inocencia. Análisis funcional desde el Derecho Penal*. Madrid: Marcial Pons, 2012.

SANZ, Eduardo; MERLIN, Luiz; CAVAGNARI, Rodrigo; NEUWERT, Thiago. Colaboração premiada: cláusulas não negociáveis. Análise de um caso concreto. *In*: CAVALCANTI, Fabiane da Rosa; FELDENS, Luciano; RUTTKE, Alberto (Org.). *Garantias Penais*: Estudos alusivos aos 20 anos de docência do professor Alexandre Wunderlich. Porto Alegre: Boutique Jurídica, 2019. p. 191-215.

SARAIVA, Renata Machado; MARTINS, Luiza Farias Retratação e rescisão dos acordos de colaboração premiada: apontamentos e preocupações. *In*: CAVALCANTI, Fabiane da Rosa; FELDENS, Luciano; RUTTKE, Alberto (Org.). *Garantias Penais*: Estudos alusivos aos 20 anos de docência do professor Alexandre Wunderlich. Porto Alegre: Boutique Jurídica, 2019.

SARLET, Ingo Wolfang. *A eficácia dos Direitos Fundamentais*. 13. ed. Porto Alegre: Livraria do Advogado, 2015.

SARLET, Ingo Wolfang; MARINONI, Luiz Guilherme; MITIDIERO, Daniel. *Curso de Direito Constitucional*. 4. ed. São Paulo: Saraiva, 2015. p. 366-367.

SILVA, Anabelle Macedo. *Concretizando a Constituição*. Rio de Janeiro: Lumen Juris, 2005.

SILVA, Eduardo Araujo da. *Organizações criminosas*: Aspectos penais e processuais da Lei n. 12.850/13. São Paulo: Atlas, 2014.

SILVA, José Afonso da. *Aplicabilidade das Normas Constitucionais*. 2. ed. São Paulo: RT, 1991.

SOUSA FILHO, Ademar Borges de. *O controle de constitucionalidade das leis penais no Brasil*: graus de deferência ao legislador, parâmetros materiais e técnicas de decisão. Belo Horizonte: Fórum, 2019.

SOUSA FILHO, Ademar Borges de. *Sentenças aditivas na jurisdição constitucional brasileira*. Belo Horizonte: Fórum, 2016.

TAVARES, Juarez. *Fundamentos de Teoria do Delito*. Florianópolis: Tirant lo Blanch, 2018.

VASCONCELLOS, Vinicius Gomes de. *Barganha e justiça criminal negocial*: análise das tendências de expansão dos espaços de consenso no processo penal brasileiro. 2. ed. Belo Horizonte: D'Plácido, 2018.

VASCONCELLOS, Vinicius Gomes de. Barganha no processo penal e o autoritarismo "consensual" nos sistemas processuais: a justiça negocial entre a patologização do acusatório e o contragolpe inquisitivo. *Revista dos Tribunais*, São Paulo, n. 953, mar. 2015.

VASCONCELLOS, Vinicius Gomes de. Colaboração premiada e negociação na justiça criminal brasileira: acordos para aplicação de sanção penal consentida pelo réu no processo penal. *Revista Brasileira de Ciências Criminais*. v. 166. São Paulo: Revista dos Tribunais, 2020.

VASCONCELLOS, Vinicius Gomes de. *Colaboração premiada no Processo Penal*. 3. ed. São Paulo: Revista dos Tribunais, 2020.

VASCONCELLOS, Vinicius Gomes de. *Colaboração premiada no Processo Penal*. 4. ed. São Paulo: Revista dos Tribunais, 2021.

VASCONCELLOS, Vinicius Gomes de. Standard probatório para condenação e dúvida razoável no processo penal: análise das possíveis contribuições ao ordenamento brasileiro. *Revista Direito GV*, v. 16, p. 1-26, 2020.

VIEIRA, Renato Stanziola. O que vem depois dos "legal transplants"? Uma análise do processo penal brasileiro atual à luz de direito comparado. *Revista Brasileira de Direito Processual Penal*, Porto Alegre, v. 4, n. 2, p. 767-806, maio-set. 2018.

WUNDERLICH, Alexandre; BERTONI, Felipe Faoro. Primeiras notas sobre a colaboração premiada após o pacote anticrime – alterações na Lei 12.850/2013 pela Lei 13.964/2019. *In*: CAMARGO, Rodrigo Oliveira; FELIX, Yuri (Org.). *Pacote Anticrime*: Reformas Processuais. Reflexões críticas à luz da Lei 13.964/2019. Florianópolis: EMais Editora, 2020. p. 157-172.

APÊNDICE – PROPOSTA LEGISLATIVA

Altera a nomenclatura do art. 4º e acrescenta os arts. 4º-B, 4º-C, 4º-D, 4º-E e 4º-F à Lei nº 12.850/2013.

Art. 4º-B – A rescisão do acordo de colaboração premiada tem como premissa o descumprimento de uma das partes. Constituem hipóteses de rescisão do acordo de colaboração premiada por fatos imputados ao colaborador:

I – Omissão dolosa de fato criminoso ou informação investigativa, superveniente à homologação, relacionados ao objeto da colaboração premiada e de potencial conhecimento do colaborador.

II – Reiteração delitiva em crime doloso relacionado aos fatos do objeto do acordo, ou inserção do colaborador em nova associação ou organização criminosa.

§1º – Caso se constate que a informação omitida, nos termos do inciso I, era de conhecimento do colaborador quando da celebração do pacto e que viciou a manifestação de vontade estatal, poderá o Ministério Público requerer a anulação do termo, com a manutenção das provas obtidas.

§2º – Considera-se, nos termos do inciso II, para verificação de relação do novo crime com os fatos objeto da colaboração, a existência de provas de materialidade e indícios de autoria de que o novo fato foi praticado por mesma organização criminosa; ou similaridade da conduta delitiva; ou ofensa aos mesmos bens jurídicos.

§3º – É vedada a estipulação de cláusulas rescisórias manifestamente genéricas e indeterminadas ou relacionadas a atos que dependam de terceiros.

Art. 4º-C – A verificação da rescisão será dividida em dois procedimentos judiciais:

I – Procedimento rescisório preliminar

II – Procedimento rescisório instrutório.

Art. 4º-D – Constatada a suspeita de caracterização de hipótese rescisória imputada ao colaborador, independente da natureza do benefício, o Ministério Público, acompanhado de provas da sua alegação, comunicará o fato ao Juízo que homologou o acordo, para instauração de procedimento rescisório preliminar, que será autuado em apartado.

§1º – Recebida a comunicação, o Juízo deverá abrir vista ao colaborador para, no prazo de 10 (dez) dias, esclarecer os fatos ou informar que irá adimplir espontaneamente com as obrigações que foram apontadas como descumpridas pelo Ministério Público em no máximo 30 (trinta) dias, contados da sua manifestação defensiva.

§2º – Após a manifestação da defesa, se não houver o cumprimento espontâneo da obrigação questionada, o Juízo designará audiência preliminar, na qual, após considerações orais das partes, poderá decidir:

I – Pelo arquivamento do procedimento preliminar rescisório.

II – Pela suspensão do procedimento preliminar pelo prazo de 30 (trinta) dias para as partes, em conjunto, apresentarem proposta de repactuação do acordo.

III – Pela instauração de procedimento rescisório instrutório.

§3º – O magistrado não participará das reuniões de tratativas para repactuação, devendo-se observar as regras previstas no art. 3º-C desta Lei.

§4º – Apresentada a proposta de repactuação, o magistrado deverá fazer um novo juízo de homologação, nos termos do art. 4º, §7, desta Lei.

§5º – Deve-se arquivar o procedimento preliminar caso:

I – O Ministério Público concorde com as explicações fornecidas pelo colaborador;

II – O colaborador reconheça espontaneamente o seu inadimplemento e quite as suas obrigações.

III – Não tenha sido a proposta de repactuação homologada pelo Juízo.

IV – As alegações contidas na comunicação do Ministério Público não constituam hipótese rescisória cabível e em conformidade com a legislação.

§6º – A instauração do procedimento rescisório instrutório é uma consequência do juízo negativo de arquivamento, não podendo a decisão adentrar ao mérito das alegações do Ministério Público pela rescisão.

Art. 4º-E – Instaurado o procedimento rescisório, o juiz abrirá vista ao Ministério Público para, no prazo de 10 (dez) dias, complementar a sua manifestação prevista no art. 4º-D, podendo arrolar testemunhas e indicar as provas que pretende produzir.

§1º – Após a manifestação do Ministério Público, a defesa será intimada para, no mesmo prazo, apresentar resposta, arrolar testemunhas e indiciar outras provas que pretende produzir.

§2º – Se não houver outras provas que não seja a testemunhal, o juiz designará audiência de instrução.

§3º – Ao final da audiência, após ouvidas as testemunhas e interrogado o colaborador, as partes poderão requerer diligências complementares, cujo pedido será decidido pelo juiz no ato.

§4º – Após a audiência e a realização de diligências complementares, o juiz abrirá vista para acusação e defesa, sucessivamente, para, no prazo de 15 (quinze) dias cada, apresentar alegações finais por escrito.

§5º – Após a apresentação de alegações finais pelas partes, o juiz proferirá sentença, podendo:

I – Indeferir o pedido de rescisão por conta de:

a) Inexistência de configuração da hipótese rescisória;

b) Não ser a hipótese rescisória permitida pelo ordenamento;

c) Falta de provas de configuração da hipótese rescisória;

d) O colaborador ter adimplido a obrigação, ainda que posteriormente;

e) Cumprimento substancial do acordo.

II – Deferir o pedido de rescisão, caso, para além de qualquer dúvida razoável, haja elementos suficientes de que o colaborador incorreu em hipótese rescisória prevista em lei ou permitida pelo ordenamento.

§6º – É cabível recurso de apelação em face da sentença, sendo que, em caso de recurso defensivo, este terá efeito suspensivo.

§7º – A qualquer momento, as partes poderão apresentar proposta conjunta de repactuação, que deverá ser homologada pelo juízo, o que levará à extinção do feito.

§8º – É vedado ao juiz motivar o deferimento da rescisão do acordo de colaboração premiada com fundamentos que dizem respeito ao próprio mérito da ação penal.

§9º – Considera-se como cumprimento substancial aquele que não inviabilizou a obtenção dos objetivos do acordo.

§10 – Instaurado o procedimento rescisório instrutório, o juiz de cada ação penal em tramitação, relacionada ao acordo em discussão, será comunicado e deverá determinar a suspensão do processo em relação ao colaborador até o julgamento em definitivo do pleito rescisório, e a suspensão da prescrição pelo prazo de até 1(um) ano, prorrogável por igual período.

Art. 4º-F. Após a rescisão do acordo, o ex-colaborador poderá se retratar da confissão realizada.

Parágrafo único – As provas produzidas pelo acordo rescindido permanecem no processo.